EL MUNDO DE LA ASERTIVIDAD

CARLOS NAVA LARRAGUÍVEL

EL MUNDO DE LA ASERTIVIDAD

Cómo llevarse bien con todos para alcanzar el éxito

PANORAMA
superación

El mundo de la asertividad
Cómo llevarse bien con todos para alcanzar el éxito
Carlos Nava Larraguível

Primera edición: Producciones Sin Sentido Común, 2019

Pleamares 54, colonia Las Águilas,
01710, Ciudad de México

Teléfono: 55 54 70 30
e-mail: ventas@panoramaed.com.mx
www.panoramaed.com.mx

ISBN: 978-607-8469-70-3

Impreso en México

A la memoria de mi maestro y amigo,
Miguel Ángel Cornejo y Rosado, quien me inició
en el tema de la asertividad.

Índice

Prefacio

Bienvenido al mundo de la asertividad. Efectivamente, ésta es una invitación a una nueva realidad. Te preguntarás: ¿por qué tendría que cambiar de un mundo a otro?, ¿qué tiene de malo en el que vivo? Yo me refiero al mundo de las relaciones interpersonales. La invitación implica dejar *la no asertividad* y entrar en *la asertividad,* ya que esta última tiene muchas ventajas y con ella se pueden obtener mejores resultados.

Y es que el mundo de la no asertividad tiene muchas *plagas* que provocan en sus habitantes enfermedades psicológicas y por consiguiente enfermedades físicas. Los llevan a padecer estados de ánimo negativos (tristeza, resentimiento, enojo, odio, celos, frustración, depresión, resignación, etcétera), mismos que en consecuencia traen actitudes negativas como venganza, revancha, apatía, indolencia, inflexibilidad y descortesía, entre otras. Finalmente, estas actitudes derivan en resultados poco favorables a la hora de relacionarse con los demás.

En el mundo de la no asertividad se tejen relaciones sinuosas, tortuosas y complicadas entre las personas, creando situaciones similares a las que vemos en las películas o en las telenovelas.

Entre todos los beneficios que tiene la vida, uno de los que cuenta con más valor y que más agradezco es que tenemos diversas opciones, es decir, hay casi siempre alternativas para escoger. El problema es que muchas veces no las vemos, las dejamos pasar y permitimos que nuestra vida siga por un camino definido por la inercia que llevamos o que las decisiones las tomen los demás.

Este libro te presenta una fabulosa opción, una alternativa que está al alcance de todos. Gracias a su lectura, podrás:

- Contar con relaciones sanas, basadas en principios de respeto, entendimiento, equidad y justicia.
- Tener relaciones profundas, y expresar abierta y sinceramente ideas, opiniones y sentimientos.
- Solicitar lo que necesitas y exigir con firmeza tus derechos.
- Poseer la capacidad de diálogo para resolver diferencias.
- Contar con la colaboración de los demás si la necesitas.
- Mejorar tu comunicación de manera directa, sin ofensas ni complicaciones.

Todo esto facilitará enormemente lograr las metas que esperas en tu trabajo, la convivencia armónica con tu familia y garantizar la diversión en las reuniones con tus amigos. Sólo los que alcanzan sus objetivos de vida en todos sus roles son unos verdaderos triunfadores. Este libro te abrirá las puertas a una nueva alternativa y te dejará la decisión de operar los cambios en la forma de relacionarte con los demás y así poder transformar tu vida.

También, estas páginas pretenden iniciar un movimiento a favor de incrementar la calidad de vida de sus lectores y partiendo de ellos, impactar en los diferentes niveles de grupos sociales, en la familia, en las comunidades y, por qué no, en la situación de nuestro país.

Definir qué es calidad de vida es demasiado complejo, ya que es un concepto que hace alusión a múltiples factores. Algunos son tangibles, como el bienestar físico y económico; y otros intangibles, como el bienestar emocional y el social.

Imagina una persona, una familia, una comunidad o un país afectados por enfermedades o por carencias materiales, que además tienen problemas en sus relaciones interpersonales y emocionales. Evidentemente se encontrarían sumidos en el dolor, la miseria, los conflictos y la depresión, circunstancias nada favorables para su desarrollo. Lo ideal es tener un estado de salud aceptable, dinero suficiente para cubrir todas las necesidades, salud emocional y relaciones armoniosas con los demás para aspirar a alcanzar un desarrollo pleno.

Cuando definimos nuestros propósitos de Año Nuevo o expresamos nuestras buenas intenciones a los demás, generalmente deseamos salud y trabajo; solemos enfocar nuestra atención a sólo dos de los factores que inciden en la calidad de vida. Es por eso que muchas personas salen a caminar o correr por las mañanas o pagan considerables sumas de dinero, altas cuotas, para asistir a los gimnasios y consultas dietólogas para bajar de peso. Además de que trabajan la mitad del día, es decir, de nueve de la mañana a las nueve de la noche.

Pero si nada más nos concentramos en los factores materiales, no lograremos mejorar la calidad de vida; ya que la persona que goza de buena salud y tiene todas sus necesidades materiales satisfechas pero que descuida su vida familiar, social y emocional, nunca alcanzará un bienestar integral. Es por esta razón que este libro busca aportarte las herramientas para que te enfoques y trabajes por alcanzar tu estabilidad emocional y social, y que eleves significativamente tu calidad de vida y la de tu familia. Con ello podrás proyectar ese bienestar a tu comunidad y al país entero.

Después de más de dos décadas de trabajo profesional dictando conferencias, dando cursos y asesorías sobre relaciones humanas, puedo afirmar que el bienestar emocional y social se puede lograr a través de relacionarnos unos con otros bajo los principios de la asertividad. La cual no sólo es una forma de convivir con los demás, sino una filosofía de vida y una manera de ser. Sus principios son:

- Equidad. Nadie es superior a otra persona y nadie es inferior a los demás. Todos los seres humanos somos iguales.
- Respeto a las diferencias. Como seres humanos tenemos diferencias económicas, sociales, culturales, raciales, religiosas, entre otras. Éstas son circunstanciales y no nos hacen ni mejores, ni peores que los demás.
- Entendimiento y sensibilidad. Éstos deben ser aplicados hacia las necesidades, deseos, intereses y problemas de los demás, aceptando su derecho a buscar sus propios satisfactores, en especial cuando son diferentes a los nuestros.
- Diálogo. Es la única forma aceptable para dirimir las diferencias entre las personas y para resolver los conflictos de intereses de una manera justa.

Nadie puede negar que tendríamos una alta calidad de vida con relaciones interpersonales más sanas, productivas, de fondo y de largo plazo. Por esta razón está escrito este libro, para generar un cambio en la misma esencia de la sociedad, en la gente, y así poder transformar nuestro país.

Introducción

El mundo de las relaciones interpersonales a menudo se nos complica mucho y otras veces nos parece divertido, interesante, útil y, en todo caso, enriquecedor. Para mí es una oportunidad de compartir contigo, amigo lector, los conocimientos y experiencias que, a lo largo de más de dos décadas, he acumulado en mi trabajo de asesoría y capacitación de ejecutivos en empresas de primer nivel en México y, en ocasiones, en América Central y del Sur.

Sin duda, el tema que voy a tratar es cotidiano, ya que nos relacionamos con otras personas prácticamente todo el tiempo: en la casa, en el trabajo, con los vecinos, con los amigos, con la familia, etcétera. Pero por practicar las relaciones interpersonales todos los días, ¿dominas todas sus reglas, sus variantes, salvas todas sus dificultades? ¿O sigues teniendo problemas de distintos tipos? Por ejemplo:

- ¿Algunas personas te evitan o se alejan de ti?
- ¿Hay gente a la que no le caes bien?
- ¿Algunos quisieran perjudicarte si tuvieran la oportunidad?
- ¿Ciertas personas te caen mal y tratas de evitarlas?

- ¿Hay personas que te imponen y te ponen nervioso?
- ¿Das algunas concesiones que no deberías otorgar a ciertas personas?
- ¿A veces te quedas callado y no dices lo que quieres decir o no expresas lo que sientes?
- ¿En ocasiones no preguntas o no solicitas lo que necesitas?
- ¿Gente cercana a ti no te confía sus problemas?
- ¿No sabes cómo tratar a una persona que tiene un problema y se comporta de manera negativa?
- Te molestas mucho con personas cuyas actitudes te parecen desconsideradas, groseras o abusivas?
- Cuando discutes con los demás, ¿se rompe la comunicación con facilidad?
- ¿No logras que cambien de actitud las personas que te molestan o te afectan con sus acciones?

Si hubo varias respuestas afirmativas y a veces quisieras irte a vivir solo a una isla desierta para que nadie te moleste, como si fueras Robinson Crusoe, entonces este libro te será muy interesante y, sobre todo, te parecerá de gran utilidad.

Sin duda, el ser humano es un ser sociable por naturaleza, ya que para satisfacer sus necesidades depende de otros seres humanos. Sin embargo, ahora que tenemos en la televisión de la casa los canales de *Discovery Channel* y *Animal Planet* sabemos que no sólo el hombre vive así, sino que prácticamente todos los animales, desde los insectos hasta los mamíferos mayores, quienes también viven en grupo para poder sobrevivir. Además de las hormigas y las abejas que desde la escuela primaria nos platicaron que trabajan en equipo para conseguir su alimento, ahora vemos en los documentales de estos canales cómo las leonas, de igual manera, se comunican y organizan para poder cazar animales más grandes y pesados que ellas.

Lo primero que tiene que quedarte claro es que todos dependemos de los demás y los demás dependen de nosotros; es decir, que existe una regla universal que aplica para todos los seres humanos: la interdependencia.

Entonces, saber comunicarte con otras personas y mantener una relación positiva y saludable con todo el mundo resulta de vital importancia para poder satisfacer tus deseos y necesidades, así como lograr tus objetivos o resolver tus problemas. ¿Cierto o no?

Entonces te pregunto si te gustaría saber ¿qué actitudes y comportamientos provocan que las personas te tengan cierto miedo y se inhiba la comunicación con ellas? ¿Cuáles propician que la gente abuse de ti y cuáles generan una relación sana, positiva y productiva con todo tipo de personas?

Te interesaría saber ¿cómo ayudar a una persona cercana (pareja, hijo, amigo) a resolver un problema que la agobia? ¿Cómo controlar tu enojo ante personas que te creen problemas por su manera de ser o de actuar? ¿Cómo lograr que otras personas cambien aquellos comportamientos que te afectan?

Por medio de la lectura de este libro encontrarás las respuestas a estos cuestionamientos. Sin embargo, no bastará con leerlo, sino que será indispensable que lo apliques en tu vida cotidiana porque, si logras llevarte bien con todo el mundo, es decir, con cualquier tipo de personas, sean semejantes o diferentes a ti, lograrás algo muy importante y útil para tu vida: la aceptación y la colaboración que de ellas necesitas para satisfacer tus necesidades, resolver tus problemas y alcanzar tus objetivos.

En otras palabras, de tu manera de relacionarte con los demás dependerá tu éxito o fracaso en la vida. De pronto, esta afirmación podría parecerte una exageración, pero a lo largo del libro trataré de demostrarte que es completamente cierta.

Ya que hablamos de la forma como nos relacionamos con los demás, ¿te has puesto a pensar por qué nuestras actitudes y comportamientos no son los mismos con todas las personas? ¿Por qué actuamos de una manera distinta ante nuestro jefe y ante nuestros subordinados; ante una persona importante o de mucho dinero y ante una persona humilde; ante una persona que tiene un doctorado o una maestría y ante una que sólo alcanzó a terminar la escuela primaria?

La respuesta es que nuestras actitudes y comportamientos ante los demás dependen de cómo nos percibimos en comparación con la persona que tenemos enfrente. Y sólo hay de tres sopas: podemos percibirnos como superiores, inferiores o iguales a ella.

De estas tres posibilidades se desprenden los tres tipos de relación que podemos establecer con los demás: hostil, sumisa y asertiva.

Analizaremos cada una de ellas en los siguientes cuatro capítulos.

Comportamientos hostiles

Si vamos a tocar el tema de la hostilidad, valdría la pena apuntar que está presente en este planeta desde sus inicios. Todos los animales la utilizan para cazar a sus presas o para defenderse de sus depredadores; es decir, para sobrevivir.

El ser humano, *el rey de la creación,* ha hecho esfuerzos innumerables para diferenciarse de los demás animales, dado que es el único ser que cuenta con la facultad del raciocinio. El ser humano, al final del día, al final de los siglos o, mejor dicho, al final de toda la historia del planeta, ha resultado ser el espécimen número uno en el uso de su hostilidad, su agresión y su poder destructor entre todas las especies animales del planeta.

En efecto, dentro de todas las facultades que su cerebro le ofrece, el ser humano posee justamente la hostilidad. Su cerebro, el cual es el más dotado de todas las especies animales que existen, tiene, en su parte más primitiva, una primera capa que corresponde a su cerebro reptil. En esta parte se encuentran sus capacidades instintivas para sobrevivir, como el control de sus funciones motoras para la operación de cada uno de sus órganos vitales (corazón, hígado, pulmones, etcétera). También se manifiestan las conductas rituales que, sin ninguna explicación lógica, siguen una y otra vez. Por ejemplo, todos tenemos algún ritual para antes de dormir sin el cual sería casi imposible conciliar el sueño: leer un poco, oír música, ver televisión, acostarse sobre el costado derecho o izquierdo, tener un vasito de agua cerca, etcétera. El ejemplo clásico de este comportamiento se observa en los perros, que antes de acostarse en algún sitio le dan una o dos vueltas (espero que nadie acostumbre a darle vueltas a su cama para poder acostarse). Dentro de estas conductas rituales también se encuentran las reacciones instintivas de defensa y, por supuesto, la agresividad para atacar a los demás.

¿Esto nos hace seres malvados y perversos por naturaleza? La verdad es que la naturaleza no nos hizo ni buenos ni malos, solamente nos ha proporcionado las herramientas para poder sobrevivir. La manera como las utilicemos es la gran facultad que nos ha sido otorgada en esta vida: nosotros decidimos si utilizamos nuestras herramientas de manera positiva o negativa.

Por ejemplo, la usamos de forma positiva para defendernos de cualquier ataque. En la vida social, la agresividad nos permite defender lo que es nuestro ante los abusos de otras personas. En este caso, tendríamos que agradecer a la vida el hecho de tener esta capacidad que nos posibilita seguir vivos y preservar nuestros derechos.

Pero cuando usamos esta facultad para matar o destruir, para ofender o lastimar a los demás, esta agresividad se convierte en hostilidad, es decir, en algo negativo de los seres humanos. ¿Estamos de acuerdo?

Si yo te preguntara si te consideras hostil en tus relaciones con los demás, seguro que me darías sólo respuestas negativas. Sin embargo, puedo asegurarte que cualquiera de nosotros puede caer en la hostilidad, en particular cuando nos encontramos ante una situación de presión o frente a una persona en especial.

¿Cuándo podríamos tener la tentación de adoptar una relación hostil? Es fácil hacerlo cuando estamos frente a personas de menor edad o jerarquía, de un nivel social, económico, escolar o cultural inferior. No es difícil encontrar casos como los siguientes:

- Un padre que le pega a su hijo o que le dice que es un tarado por haber roto el florero que la abuelita trajo de su viaje a China, con una clara carga revanchista.
- Un jefe que insulta, se burla o humilla a un subordinado por haberse equivocado en las cifras del informe que, a su vez, él presentó ante la junta de directores, quedando en ridículo ante ellos.
- Una señora en su auto último modelo que saca medio cuerpo por la ventanilla para manotear e insultar al muchacho limpiaparabrisas por querer limpiar su auto sin haberle pedido permiso.
- El señor que, con el ceño fruncido, niega con la cabeza ante la petición del mendigo: "Una limosnita, por el amor de Dios", sin dignarse siquiera a mirar a la cara al limosnero.
- Un profesor de educación física que obliga a un alumno de primaria a quitarse los pantalones enfrente de sus compañeros y hacer los ejercicios gimnásticos en calzoncillos, porque olvidó llevar sus shorts reglamentarios.
- Un joven auxiliar administrativo que regaña a la empleada de limpieza por haber dejado manchado su escritorio y le habla de tú aunque la señora sea 15 años mayor que él: "Mira qué porquerías haces. Eres una inútil".

Entonces, hay que reconocer que ante estas situaciones o personas nos será fácil adoptar una postura de superioridad y tratar de sacar ventaja de ellas con la filosofía de *yo gano, tú pierdes.*

Aparte, nuestra cultura promueve este tipo de conductas, principalmente en los varones y en su manera de relacionarse con las mujeres. A ver, una pregunta: ¿cómo se llama ese personaje todopoderoso que siempre hace lo que quiere, que su palabra es la ley y que aparece en las películas, en las telenovelas y en las canciones de nuestro país? En efecto, es *el macho mexicano* (quien, por cierto, no es exclusivo de México).

¿Cómo se comporta una persona hostil? A manera de ejemplo, vamos a ubicarnos en el mundo laboral. Imaginemos a un jefe autoritario con actitudes de hostilidad hacia un subordinado:

El jefe llama a Salomón, su colaborador:

—Oye, enano, ven para acá, ¿por qué demonios no viniste ayer y por qué no me avisaste?

—No pude, jefe.

—¿Qué te crees, que nomás porque tienes más antigüedad que yo en la empresa puedes pasar por encima de mi autoridad?

—No, jefe, ¿cómo cree? Eso no tiene nada que ver. Pero yo le llamé dos veces y como no estaba le dejé el recado con Goyo.

—A mí me tienes que hablar personalmente porque soy el que manda aquí y tú eres sólo un pin... subordinado, ¿te queda claro?

—Sí, jefe.

—Y no me andes dejando recados con cualquier baboso a quien se le olvida pasármelos. Y, ¿qué crees? Todos tus compañeros se enojaron mucho contigo porque tuvieron que hacer tu trabajo y dijeron que eras un hue...

—Es que tuve un problema familiar.

—¿Y a mí qué me importan tus problemas? ¿Tú crees que yo no tuve problemas por tu ausencia?

—Sí, jefe, lo siento mucho, pero es que mi mamá se puso muy enferma y estoy muy preocupado porque puede ser una enfermedad seria.

—Pues ése es tu problema. A mí no me cuentes tus broncas. Ya te pareces al mariquita de Apolonio que siempre anda chillando por los problemas que tiene con su vieja. Tú estás contratado por nosotros y tienes la obligación de cumplir con tus horarios.

—Sí, jefe, pero también tengo familia.

—Y tus familiares, buenos para nada, ¿no pueden resolver ellos solos sus problemas?

—Es que mis papás ya tienen más de 70 años y necesitan que los ayuden cuando se enferman. Debería ser más comprensivo.

—¿Comprensivo? ¡Mangos! Yo no estoy aquí para consolar a la gente. Si no te gusta cómo soy, pues renuncia y lárgate, a ver si eres tan machito. Pero la próxima vez que faltes te corro, güey. Y te lo digo en serio, acuérdate cuando hace dos años casi te despido porque olvidaste cerrar bien la tienda.

—Pero usted me perdonó en esa ocasión.

—Sí te perdoné, Salomón, pero recuerda que yo nunca olvido lo que me hacen.

PREGUNTAS DE REFLEXIÓN

- ¿El jefe usó apodos humillantes con su empleado?
- ¿Mostró envidia porque Salomón tenía mayor antigüedad que él?
- ¿Ostentó su poder y jerarquía?
- ¿Manipuló los hechos al decir que sus compañeros se enojaron con él y que lo insultaron?
- ¿Se mostró insensible ante los problemas familiares de Salomón?
- ¿Habló mal de Apolonio en su ausencia?
- ¿Amenazó a Salomón con despedirlo?
- ¿Retó a su subordinado para que renunciara?
- ¿Le reprochó un error que ya había perdonado?

Sin duda, todas las respuestas fueron afirmativas. En su totalidad resultaron comportamientos hostiles. Voy a listar estas conductas con la intención de que puedas identificar cuáles son aquéllas que asumes, con quiénes las haces y bajo qué circunstancias. Así tomarás conciencia de ellas y podrás eliminarlas o, al menos, disminuirlas:

- Humillar, ridiculizar o burlarse de las personas con un trato que afecte su dignidad o con apodos humillantes.
- Ser inflexible, terco y no escuchar razones.
- Volver a recriminar lo que se suponía que ya estaba perdonado y olvidado.
- Mostrarse insensible o cruel ante una situación difícil o frente a los sentimientos de los demás.

- Retar a otros abusando del puesto, jerarquía o complexión física.
- Manipular a los demás con ideas o acciones que distorsionen la verdad para sacar un provecho personal de ello.
- Ostentar actitudes de superioridad y destacar una mayor posición jerárquica, fuerza o poder.
- Presumir o vanagloriarse de lo que se es o de lo que se tiene.
- Expresar envidia o celos sobre lo que son, tienen o han logrado los demás.
- Actuar nada más por capricho.
- Demostrar enojo por medio de berrinches o actitudes neuróticas.

Analicemos más a fondo el porqué de estos comportamientos hostiles.

Humillar, burlarse o ridiculizar a otra persona pone al descubierto alguna debilidad o defecto. Por ejemplo, cuando alguien dice: "A ver, enano", destaca que el otro es más chaparro que él. Cuando una persona afirma: "Bueno, a tu edad ¿qué puede esperarse de ti?", evidencia que el otro es más viejo que ella.

Ser inflexibles y no escuchar a la persona que quiere proponer otra alternativa, implica que quizá tratamos de evitar que presente una idea mejor que la nuestra: "No, hombre, esa idea no va a funcionar. Te lo digo por experiencia", "Olvídalo. Eso ya lo había pensado antes, pero me di cuenta de que no era una buena idea".

Volver a recriminar a otra persona algo que se suponía que habíamos perdonado es recordarle que cometió un error, una omisión o una falta: "Yo perdono pero no olvido".

Mostrarnos insensibles a las emociones de los demás: "No llores, no es para tanto. Aprende de mí" es, por un lado, proyectar una supuesta *fortaleza de carácter* y, por el otro, evitar mostrar nuestras emociones porque sería sinónimo de debilidad en la cultura machista que nos rodea.

Retar al otro porque tenemos mayor jerarquía o complexión ocurre para que quedemos ante los demás como valientes y además porque pensamos que será poco probable que el otro acepte el desafío. Frases como: "Aunque yo sea tu jefe te reto a que me golpees, a ver si eres tan valiente", ejemplifican este punto.

Manipular a los demás con ideas o acciones que distorsionan la verdad, significa sacar provecho personal de alguna situación. Por ejemplo, un jefe le dice a su subordinado: "Ayer que faltaste todos tus compañeros dijeron que eras un flojo e irresponsable porque tuvieron que hacer tu trabajo". Es muy poco probable que los compañeros hayan dicho eso, pero esa mentira hace que el jefe gane terreno manipulando la información.

Si tenemos una mayor posición jerárquica, fuerza o poder, nos ponemos en una postura de superioridad ante los demás y pueden aparecer pensamientos como: "Aquí se hace lo que yo digo porque soy el jefe".

Presumir lo que somos o tenemos, implica que queremos exhibir y destacar lo que hemos logrado y los demás no: "No sé si ya les conté que yo fui campeón de tiro", "Entonces me dije: 'Sí es un auto muy caro pero creo que lo valgo', y que lo compro".

Recriminar a nuestra esposa, cuando salimos a la calle y ella observa a otro hombre, con la siguiente expresión: "Dime, ¿a quién estás mirando, desvergonzada?" Es una manera de manifestar inseguridad mediante los celos, en lugar de mostrarle el cariño que sentimos por ella.

Al darse cuenta de que su vecino se ha comprado un auto nuevo, un hombre le dice: "¿Estrenando auto, vecino?"

Y cuando el vecino, orgulloso, quiere platicarle cómo lo adquirió, lo interrumpe para preguntarle:

"Oiga, ¿y no había de otro color?", mostrando un gesto de desagrado por el color amarillo ocre del coche.

Es decir, que aquel hombre en lugar de mostrar admiración, muestra un sentimiento rebuscado que se llama *envidia* y descalifica un logro de otra persona que él no ha alcanzado.

Al sentirse menos que el vecino por el hecho de que él pudo comprarse un auto nuevo, llegará a casa y dirá:

—Oye, amor, ya decidí cambiar nuestro coche por uno último modelo.

—¿Para qué queremos un auto nuevo si el que tenemos funciona muy bien? Además ni tenemos el dinero para comprarlo.

—Es que no voy a permitir que nuestro vecino quiera sobajarnos con un auto nuevo; así que lo compro porque lo compro, aunque tengamos que endeudarnos.

Desear tener algo no es malo, pero, en este caso, nuestra hostilidad nos puede llevar a hacer las cosas por capricho.

Una mamá, al llegar a su casa y darse cuenta de que sus niños mancharon la alfombra de la sala con sus zapatos llenos de lodo, azota la puerta, los regaña, los insulta y los castiga con no volver a llevarlos a ninguna diversión por tres meses. Es decir, que en lugar de mostrar su molestia o enojo de manera abierta y establecer un castigo razonable, sólo hizo un soberbio berrinche.

Ahora podemos ver que la razón de muchas de nuestras conductas de hostilidad tienen como fin ulterior menospreciar o sobajar a los demás, como un intento de demostrar *nuestra superioridad.*

Veamos cómo es nuestra capacidad de cambio cuando nos relacionamos con hostilidad. Dado que pensamos que estamos bien, que conseguimos todo lo que queremos (eso creemos), que no hay nadie que pueda más que nosotros, es lógico que no percibamos ninguna necesidad de modificar nuestra conducta; por eso, nos resistiremos de forma sistemática a cualquier sugerencia o insinuación de cambio que otros hagan.

Ahora bien, vayamos a un punto muy importante: ¿qué resultados podemos esperar al final del día si mantenemos una relación cargada de hostilidad con otras personas?

Al principio podremos ver que funciona bien, que la gente responde a nuestra autoridad o amenazas y que obtenemos los resultados esperados. Pero, existe un *pero* muy grande, debemos recordar que una persona que se siente presionada, aplastada, humillada, etcétera, genera resentimientos. Y una persona resentida es capaz de dos cosas:

1. Desquitarse

Dicen que *la venganza es dulce.* Algunos jefes, padres o maestros piensan que, dado que ellos son quienes tienen el poder y la autoridad, ningún subordinado, hijo pequeño o alumno podrá atreverse a hacer algo en su contra. En la realidad, por pequeña, débil, tímida o insignificante que parezca una persona, su cerebro es capaz de maquinar cualquier tipo de venganza.

Todos nos hemos enterado de muchos casos de desquites, algunos con graves consecuencias: desde el colaborador que raya la pintura del automóvil de su jefe con un clavo, empleados que denuncian las irregularidades de la empresa ante las autoridades fiscales, hasta quienes roban o provocan daños materiales a la compañía. Recuerdo la escena de la película de Steve Spielberg de 1985, *El color púrpura (The Color Purple)*, cuando a Celia, la muchacha esclava de color de 14 años, le toca servirle un vaso con agua a un visitante que la insultó y la humilló. Frente a tal situación, ella antes de entregárselo escupe dentro del vaso.

Por tanto, podemos darnos cuenta que a partir del momento en que una persona se desquita o se venga, los resultados para el individuo hostil serán negativos. Veamos otro ejemplo:

> En plena fiesta por el bautizo de su hermanita, el niño de cinco años le dice a su papá, quien siempre lo ha tratado de forma autoritaria:
>
> —Mira, papi, quién llegó.
>
> —¿Quién, *mijo*?
>
> —Mi tía. La que dices que tiene cara de foca.
>
> —¿Qué? No inventes. No le haga caso, comadre. Ya sabe cómo son los niños.
>
> —Pero si tú siempre lo dices, papá.
>
> —Escuincle mentiroso. Lárgate a tu cuarto y no sales de ahí en toda la fiesta.
>
> Y el niño se dirige a su cuarto con una amplia sonrisa de satisfacción porque se ha cobrado todas las cuentas pendientes que tenía con su padre.

2. Huir

Una persona resentida se va, renuncia, se aleja, ya no vuelve y, por tanto, ya no habrá más resultados para la persona hostil. En muchos casos, la retirada va acompañada de un desquite: empleados que se llevan objetos que son propiedad de la empresa, quienes *sin querer* borran toda la base de datos de cientos de clientes o algunos que simplemente renuncian en el peor momento. Por ejemplo:

—¿Puedo pasar, jefe?

—No tengo tiempo. Vuelve mañana.

—Es muy breve mi asunto.

—A ver, dímelo rápido.

—Pues nada más venía a decirle que me voy.

—¿Y a qué hora regresas?

—No, me voy de la compañía.

—¿Qué dices? ¿Cómo que te vas? Tú eres mi mejor vendedor.

—¿Qué? ¿El mejor vendedor? ¿Y por qué en cinco años nunca me lo dijo?

—Porque tú ya lo sabías. Es más, si es un problema de dinero, ahorita mismo te subo el sueldo.

—¿Y por qué no me lo subió cuando se lo pedí tantas veces?

—Ah, porque no tenía presupuesto.

Después de mucho discutir, el jefe se da cuenta de que el empleado está decidido a renunciar.

—Bueno, no voy a rogarte. Lárgate si eso es lo que quieres. ¿Cuándo te vas?

—A ver, déjeme ver. Hoy es lunes 30 y mañana es martes primero. Entonces, hoy me voy.

—¡No manches! Estamos en pleno cierre. No puedes irte como si fueras una sirvienta.

—No puedo hacer nada, jefe. Lo que sucede es que me voy a trabajar con la competencia y ya sabe cómo son de exigentes.

—Hijo de tu...

—A propósito, jefe, no quiero irme sin decirle algunas cosas que no me gustan de usted. Pura crítica constructiva: es usted un hijo de...

En conclusión, simple y sencillamente hay que reconocer que la hostilidad no paga bien. Te daré un último ejemplo para reafirmar lo anterior.

Son las seis de la tarde de un sábado en un conjunto de cines muy concurrido por gente que quiere pasar una tarde agradable y divertida. La fila para adquirir los boletos es muy larga y nunca falta el tipo que no quiere formarse. Veamos cómo reacciona un personaje hostil ante este señor abusivo:

—Señorita, deme cuatro boletos para la función de *Rápido y furioso* de las seis de la tarde.

—Óyeme, ca..., vete a formar.

—Tú cállate y sigue formado.

—Salte o te saco a trancazos.

—¿Tú y cuántos más?

—Yo solo me basto, hijo de tu pin...

—La tuya, ca...

—Pues arráncate, a ver si eres tan macho.

—Pues me arranco. Faltaba más.

¿Cómo acaba esta historia de nuestro personaje hostil? En la estación de policía. ¿Ése era el objetivo de la persona? Por supuesto que no. Entonces, confirmamos que la hostilidad no es nuestra mejor opción, así que más nos vale identificar esos comportamientos hostiles que utilizamos con ciertas personas o en cierta ocasiones y proponernos no volver a utilizarlos más.

Como te había propuesto, la idea no es que el libro se quede en una lectura más de las que has hecho en tu vida, sino que sea el instrumento para iniciar un proceso de cambio que te permita ser mejor como persona. En este caso, a mejorar la calidad de tus relaciones interpersonales.

LA TAREA
(PRIMERA PARTE)

Para ello, vas a tener que hacer *la tarea.* La primera parte de ésta es que elabores una lista de los comportamientos hostiles que acostumbras utilizar con cierta frecuencia, con algunas personas y en determinados momentos, con el objetivo de proponerte firmemente a dejar de utilizarlos.

Mis comportamientos hostiles son:

Comportamientos sumisos

Quisiera hacerte dos preguntas. La primera es: ¿te consideras sumiso en tus relaciones con los demás? Seguro que me darás una respuesta negativa. La segunda es: ¿eres mexicano o latinoamericano? Seguro que la respuesta será que sí. Sin embargo, para mí, si la segunda respuesta es afirmativa, la primera también debe serlo. ¿Por qué? Porque la cultura en México y en muchos países de América Latina favorece decenas de conductas de sumisión. Hace parecer como buenas, dignas de admiración y apoyo, a las personas débiles que no pueden defenderse de los *malvados* o los abusivos; así como a aquellas personas que deciden vivir en el anonimato antes que sobresalir.

Analicemos las películas mexicanas. ¿Cuántas de ellas tienen como personaje principal al más débil o al pobre y lo muestran como el héroe o la heroína, y satanizan a los fuertes o a los ricos? ¿Te acuerdas de la trilogía de películas estelarizadas por Pedro Infante en los años cincuenta, *Nosotros los pobres, Ustedes los ricos* y *Pepe el Toro?*

Revisemos las telenovelas: ¿recuerdas o te han platicado de la primera telenovela exitosa de la televisión mexicana de 1958, acerca del esposo y empleado de oficina de quien todos abusaban y apodaban *Gutierritos?* ¿De telenovelas donde el personaje protagónico era la pobre muchacha de pueblo que entraba a trabajar de sirvienta a una casa rica, se enamoraba del hijo de sus patrones y la mamá y la novia del galán le hacían la vida de cuadritos, como *María Isabel, María la del barrio, María Mercedes* o *Simplemente María?* (¿Por qué todas se llaman María? No sé.) ¿De la exitosa telenovela colombiana *Betty la fea?*

En la religión católica, como parte de nuestra formación nos enseñaron que el bueno era el humilde. En el catecismo o en la película mexicana de 1952, *El mártir del calvario,* que podemos ver en la televisión cada Semana Santa desde hace más de medio siglo (verídico), conocimos el sermón de la montaña, donde Enrique Rambal, perdón, donde Jesús mencionó las solemnes bienaventuranzas: "Bienaventurados los pobres de espíritu, los que lloran, los humildes, los que tienen hambre y sed de justicia, porque de ellos será el Reino de los Cielos".

En la misma historia de México que aprendimos en la escuela, Cuauhtémoc, el último *tlatoani* mexica, resiste los tormentos a los que fue sometido por los conquistadores que querían robarle todo el oro que tenía. Los mexicanos, mestizos en su mayoría, nos sentimos más orgullosos de nuestras raíces indígenas que de las españolas. Nos identificamos más con los perdedores y no con los triunfadores.

Por último, hay aficionados al futbol que todavía le van al Atlante, *el equipo de los pobres.*

Bueno, ahora permíteme hacer de tu conocimiento que caemos en la posición de sumisión cuando jugamos dos papeles típicos en nuestra relación con los demás:

1. El papel de víctima

Éste versa principalmente en la actitud de quejarnos de todo y por todo:

- De las circunstancias cotidianas: del tráfico, de los plantones, de las marchas y las manifestaciones, del país donde vivimos, de la época que nos ha tocado vivir, del gobierno o de los políticos que tenemos, etcétera.
- De las personas con las que convivimos: "¿Qué hice yo, Dios mío, para merecer estos hijos?", "¿Por qué tendría que tocarme a mí este jefe, vecino, pareja, etcétera?", "¿Por qué mi papá no me obligó a estudiar inglés cuando iba a la escuela?"
- De nuestro cuerpo: "¿Por qué soy tan chaparro, moreno, gordito, etcétera?", "¿Por qué estoy perdiendo el cabello?", "¿Por qué me están saliendo arrugas?", "¿Por qué mi cuerpo está creciendo... para los lados?"

Quien juega el papel de víctima, perdedor o débil, tiene una filosofía de *tú ganas, yo pierdo* al interactuar con las otras personas. Es un rol muy socorrido en México y América Latina y lo constatamos en las películas, las telenovelas, las canciones, etcétera. Pero ¿por qué jugar el papel de perdedor? ¿Se puede obtener algún beneficio desde esa posición?

Recordemos una canción ranchera que cantaba una artista que en sus actuaciones lloraba a lágrima tendida. Doña Amalia Mendoza, la Tariácuri, decía: "Échame a mí la culpa de lo que pasa. / Cúbrete tú la espalda con mi dolor".

Si pudiera entrevistar a esta mujer le diría: "Perdón, señora, ¿usted quiere echarse la culpa de otra persona y sufrir para que el otro se cubra la espalda con su dolor?" La cantante me contestaría: "Sí, es correcto". "Ahora, otra preguntita: ¿usted que gana con eso?" Su respuesta inmediata y contundente sería: "No, ¿cómo cree? Yo no gano nada". Amable lector, yo quiero decirte que nadie se echa la culpa de otro de manera gratuita. Nadie sufre un dolor voluntariamente. Y si yo te pidiera que adivinaras qué es lo que gana, qué es lo que busca una persona que se proclama víctima, lo más seguro es que aciertes al decirme: la compasión de los demás.

No quiero decir que quejarnos sea siempre inadecuado. Sí es válido, pero sólo cuando la queja sea el camino para buscar la solución a la causa que la origina.

Respecto a este tema, ¿has conocido a alguna persona que se queja de manera sistemática? ¿En la mañana, en la tarde o en la noche? ¿En su casa, en su trabajo, con sus vecinos o con sus amigos? Me refiero a las personas que se quejan sólo por quejarse, pero no hacen nada por resolver el origen de su inconformidad.

La respuesta será que no conoces a una persona, sino a muchas. Quejarse es como un deporte nacional. Decía *Cri-Crí, El grillito cantor*, que la Tierra debió llamarse *Planeta Quejas*.

Se compite para ver a quién le ha ido mal y a quién le ha ido peor. "Mi hijo chocó y el pobre se fracturó dos costillas", le dice una señora a sus amigas. Y no falta quien le responda orgullosa: "Eso no es nada. Mi hijo chocó y casi se muere. Fíjate, fíjate, fíjate".

En un país como México es muy probable que se logre cosechar la simpatía y esa compasión por los demás, pero yo diría que a un costo muy alto. Porque una persona que se queja, entre otras cosas, tiene su energía muy baja.

Ninguna persona va a quejarse sonriendo y con un gran ánimo. Nadie le dirá entusiasmado a su compañero de trabajo: "No te lo vas a creer, *ja, ja, ja*. Acaban de asaltarme en la calle, justo antes de llegar aquí. Me quitaron mi dinero y mi teléfono celular. ¿Tú crees?, *ja, ja, ja*". Por supuesto que no lo diría así. Por el contrario, al momento de encontrarse con su compañero le dirá con un tono de tristeza y sollozando: "¿Qué crees? Acaban de asaltarme y me quitaron todo. Ya no se puede vivir en esta ciudad. No sé qué voy a hacer", y se pondrá a llorar.

Lo peor del caso es que las personas que se quejan contagian su estado de ánimo a los demás de manera automática. Si en el ejemplo anterior, el compañero de trabajo canta muy animado mientras coloca la mercancía en los anaqueles y llega el joven a quien acaban de asaltar y le dice: "¿Qué crees?", el amigo dejará de tararear su canción y le contestará con un tono de preocupación: "¿Qué?" En ese momento el perderá la energía que tenía y luego le dirá: "No me digas, ¡qué mala suerte!" Y bajo estas condiciones tendrá que retomar su trabajo. ¿Te imaginas ponerte a trabajar con ese estado de ánimo? ¿Con qué frecuencia nos quejamos?, ¿con qué frecuencia perdemos energía?, ¿con qué frecuencia robamos la energía de los demás? Ahí te dejo esas preguntas de reflexión.

2. El papel de buena gente

Este segundo papel es clásico en una persona sumisa. Aquélla que trata de ser considerada por todo el mundo como *buena gente:* un jefe *buena onda,* un papá o mamá *nice,* un maestro *a todo dar,* etcétera. Aunque esto por sí solo no tiene nada de malo, sí se vuelve inconveniente cuando cedemos lo que no deberíamos ceder, cuando permitimos lo que no habríamos de permitir, cuando negociamos lo que no tendríamos que negociar. ¿Cómo jugamos este papel? Por ejemplo:

- Al dar un permiso justo el día de mayor cantidad de trabajo a una empleada que nos suplica que la dejemos faltar al día siguiente. "Ay, jefe, deme el día de mañana libre para asistir al festival de la escuela porque mi hija va a salir disfrazada de pollito".

- Al hacernos de la vista gorda cuando un empleado llega muy tarde y no le reclamamos su retraso ni cómo afectó a los primeros clientes que llegaron a la tienda.
- Al ampliarle a un empleado el plazo de entrega de un trabajo, con lo cual se retrasa la fecha prometida al cliente para darle su mercancía.
- Al organizar a nuestros hijos adolescentes fiestas de cumpleaños con bebidas alcohólicas porque nos presionan diciendo: "Es que sin bebidas no vamos a divertirnos", "En la fiesta de Camila y de Paquita sí dieron chupe". Finalmente, aceptamos a pesar de que conocemos el efecto negativo que tiene el alcohol en menores de edad debido a que su sistema nervioso aún es inmaduro. Decimos que sí aunque sabemos (o ignoramos) que de suceder algún accidente con alguno de los invitados si se emborrachan, podríamos tener consecuencias penales con la justicia.
- Al permitir a nuestros hijos jóvenes ir a antros que son poco seguros y llegar a las cuatro o cinco de la madrugada, cuando hay más alta probabilidad de que a esas horas en fin de semana ocurran más accidentes viales de consecuencias fatales.
- Al ceder ante la presión de nuestros compañeros de trabajo para que la fiesta que quieren organizar por el Día del Amor y la Amistad se haga en nuestra casa, cuando sabemos que vivimos en un departamento muy chico y vamos a tener problemas porque, por reglamento, no se permite hacer ruido o poner música después de las once de la noche en el condominio.

Ahora bien, después de analizar estos dos papeles ¿cuándo podríamos caer en la tentación de adoptar una conducta sumisa? Es fácil hacerlo cuando estamos frente a personas de mayor edad o jerarquía, de un nivel social, económico, escolar o cultural superior al nuestro. Entonces, nos será fácil tomar una postura de debilidad y dejar que la otra persona saque ventaja de su superioridad con la filosofía de *tú ganas, yo pierdo.*

Déjame darte un ejemplo, en un ambiente de trabajo, de cómo se comportaría un jefe *buena onda* con actitudes sumisas ante un subordinado.

—Oye, Salomón, ¿puedes venir?

—¿Qué quiere?

—¿No tienes nada que decirme?

—No, ¿de qué o qué?

—De algo que hiciste mal.

—No. ¿Pues qué hice mal?

—No te hagas, ¿por qué no viniste a trabajar ayer?

—Ah, es que tuve un problema.

—¿Y por qué no avisaste?

—Es que no tuve tiempo.

—Oye, cuando vayas a faltar por favor avísame. No me dejes con la duda de si vas a venir o no. ¿Y qué problema tuviste?

—Pues uno.

—Pero ¿qué tipo de problema?

—Pues uno personal. Yo no tengo por qué darle explicaciones a nadie de mi vida privada.

—Perdón, perdón, no quería molestarte, pero es que mi jefe se dio cuenta de que no viniste a trabajar, se enojó mucho y me echó la bronca a mí el desgraciado. Me trata como si fuera su esclavo. Un día de éstos voy a botar el trabajo.

—Pues eso es lo que debería hacer.

—Bueno, pues ya ponte a trabajar.

—Pero primero tengo que hacer una llamada muy importante.

—Ya no debería darte permiso, pero bueno, para que veas que soy *buena gente*, habla rapidito y luego te pones a chambear.

PREGUNTAS DE REFLEXIÓN

El jefe:

- ¿Le pidió de manera directa a Salomón una explicación por su ausencia?
- ¿Recibió la explicación?
- ¿Puso a Salomón en su lugar cuando le dijo que él no tenía que darle explicaciones a nadie?
- ¿Le insistió para que contestara su pregunta sobre qué problema tuvo?
- ¿Le reclamó o lo regañó por no haber avisado que ese día se iba a ausentar?
- ¿Le dijo con claridad que su ausencia le molestó a él porque lo afectó?
- ¿Evitó quejarse del jefe que tenía?
- ¿Le negó el permiso para hablar por teléfono en lugar de ponerse a trabajar?

Sin duda, todas las respuestas resultaron negativas: fueron comportamientos sumisos. En adición a la costumbre de quejarnos y de ceder nuestros derechos para jugar los papeles de víctimas y de *buena gente,* voy a listar otros comportamientos sumisos con la intención de que identifiques cuáles son los que sueles asumir, con quiénes los haces y bajo qué circunstancias. Así tomarás conciencia de ellos y podrás eliminarlos o, al menos, disminuirlos:

- No solicitar lo que necesitas por vergüenza o por no molestar a los demás.
- Esperar a que los demás adivinen tus deseos y necesidades, al pensar que ellos ya deberían conocerlos.
- No expresar una idea o no preguntar cuando tienes una duda por miedo al qué dirán o por no parecer ignorante.
- No disculparte con la gente cuando cometes un error que la afecte o perjudique.
- No felicitar a quienes han logrado algo especial para no sentirte menos.
- Quedarte callado y no expresar tus sentimientos de manera abierta y positiva, como molestia, decepción, preocupación, alegría, orgullo, etcétera (pecado de omisión).
- Decir sí cuando realmente quieres decir *no* por vergüenza o para no ser considerado *mala onda.*
- Permitir que abusen de ti sin reclamar.

Algunos ejemplos de estos comportamientos se dan bajo las siguientes circunstancias:

Doña Felisa no encuentra el pasillo donde están ubicadas las carpetas de argollas que quiere comprar en la tienda de artículos de oficina, y después de mucho deambular por toda la tienda su hija le propone:

—Mira, mamá, ahí están dos vendedores. Pregúntales dónde están las carpetas.

—No, hija –responde la mamá–. No los molestes. ¿No ves que están platicando? Vente, no deben estar lejos.

En este ejemplo, doña Felisa no preguntó por lo que buscaba para no molestar a los demás.

•

Eladio se queja con su esposa:

—¡Qué barbaridad! ¿Cómo es posible que en un restaurante de categoría como éste te traigan la sopa fría?

—Pues pide que te la calienten, Eladio. Mira, aquí viene el mesero –le responde su esposa y llama en seguida al camarero–. Oiga, joven...

—No, déjalo así porque se van a tardar mucho y ya tengo mucha hambre. Total, me la trago fría –replica Eladio.

Aquí lo que sucedió fue que Eladio no solicitó lo que necesitaba por vergüenza.

•

Refugio se apresura a salir de la tienda departamental para poder llegar a tiempo a una cita importante. Baja por las escaleras eléctricas, pero se topa con una parejita de novios que van abrazados y que le bloquean el paso. Refugio se desespera y empieza a moverse hacia su derecha y luego hacia su izquierda para que adviertan su presencia y lo dejen pasar. Al no lograrlo, empieza a toser con fuerza pero tampoco logra su objetivo. No importa, ya llegaron al final de la escalera.

En este caso, Cuco esperó que los demás adivinaran que tenía prisa y necesitaba avanzar más rápido, pero eso no pasó.

•

Al terminar el desayuno familiar de un domingo, doña Rufina se levanta de la mesa y lleva algunos platos a la cocina. Cuando regresa al comedor, ve que su esposo, su hijo y su hija ya no están ahí y se encuentran sentados en la sala viendo la televisión. Esto le molesta mucho porque como ella misma ha expresado: "Les he dicho 20 mil veces que todos debemos ayudar a levantar la mesa y a lavar los platos". Sin embargo, se queda callada y empieza a levantar el resto de los platos haciendo mucho ruido para que todos se den cuenta de lo que está haciendo y se levanten a ayudarla, pero lejos de lograrlo, lo único que consigue es que todos le digan:

"*Shhh*, no hagas ruido que no dejas oír."

Su segunda estrategia para llamar la atención de su familia es pasar frente al televisor cargando una pila de platos; pero lo que logra es que todos le griten:

"Quítate, no estorbes."

Finalmente, doña Rufina estalla y grita:

"Bola de hue..., les he dicho 20 mil veces que no soy su criada. Que todos tenemos que cooperar para levantar la mesa y lavar los trastes."

En este ejemplo, se aprecia que doña Rufi ya no pide las cosas porque anteriormente ya lo había hecho y no tiene por qué repetirlo.

•

Crescencio da vueltas y vueltas en su auto sin poder encontrar la calle donde vive su jefe, quien lo invitó a comer. Su esposa le pregunta:

—¿Ya te perdiste, Chencho?

—No, cómo crees –responde su esposo. Diez minutos después la esposa le propone:

—Párate en la esquina y bájate a preguntar.

—Para qué, si yo sé llegar –responde Crescencio. Diez minutos más tarde su esposa le exige:

—Por el amor de Dios, Chencho, reconoce que ya te perdiste y pregúntale al policía.

—No, mujer, –replica su marido– ¡qué va a pensar de mí!, ¿que soy un idiota? Espérate tantito, déjame sacar el GPS.

En este caso, Chencho no preguntó por no parecer ignorante.

•

Al visitar la casa de su tía, Marcelino pasa al baño a lavarse las manos antes de comer. En su trayecto hacia el comedor su mano se topa sin querer con un florero que estaba sobre una pequeña mesa a la mitad del pasillo. De inmediato exclama: "¡Ay, se cayó!" (solito el florero se tiró al vacío, seguramente cansado de una vida muy aburrida). Acto seguido voltea hacia atrás, a un lado y a otro. Cuando confirma que nadie lo vio, con el pie esconde todos los pedazos del florero debajo de la mesa. Llega al comedor y pregunta:

—Tía Concha, ¿qué hizo de comer?

—Preparé el molito que tanto te gusta, Marce –le contesta la tía.

A Marcelino le dio vergüenza disculparse por miedo a que lo consideraran un tonto.

•

Euquerio lee la boleta de calificaciones de su hijo:

—A ver, Euquerito. Sacaste seis dieces y un promedio de 9.5.

—¿Qué me vas a dar como premio, *apá*?

—¿Cuál premio? Es tu obligación estudiar. Cuando mucho, mañana te traigo una paleta payaso para que no digas.

Euquerio no felicita a los demás por miedo a que se vean superiores a él o a que vayan a pedirle alguna recompensa.

•

Cipriano sube a su auto, después de hacer sus compras en un supermercado, lo enciende y da marcha atrás. En ese instante se oye un golpe seco y el auto se detiene abruptamente. Por instinto, Cipriano voltea a un lado y al otro, con un sonrisita de inocente, para ver quién presenció el choque. Su esposa le pregunta:

—¿Qué pasó, Cipri?

Él voltea hacia el espejo retrovisor y descubre que chocó contra un poste. Entonces exclama:

—¡Pinche poste! ¿A quién se le ocurre poner un poste en un estacionamiento?

Cipriano decide culpar a los demás porque no está dispuesto a aceptar su error y parecer un tonto.

•

Un compañero de trabajo, Cayetano, le solicita a Isidro un préstamo de 5 mil pesos.

—Si no le pago al casero estos tres meses de renta nos va a poner de patitas en la calle a mí y a mi familia –le dice Cayetano casi llorando.

Isidro se compadece:

—Bueno, bueno, Cayetano, no vayas a llorar. Te los presto, pero con la condición de que me los devuelvas a fin de mes porque yo necesito pagar las colegiaturas de mis hijos.

Isidro dijo *sí* cuando debió haber dicho *no*.

•

Una compañera de trabajo de Prudencia toma su engrapadora de su escritorio y se la lleva sin pedirle permiso, como lo hace siempre; con esto la obliga a ir a recogerla después a su lugar. Su amiga Asunción le da el siguiente consejo:

—Oye, Pru, no te dejes, dile que no tome tus cosas sin permiso.

—Déjala, al cabo que ahorita no voy a usarla –responde Prudencia.

—Pero no importa. Eso no se vale, es injusto. Dime, ¿por qué permites que abusen de ti? –le reclama enérgicamente su amiga.

—No, Asun, es que yo me conozco bien: cuando le reclamo a alguien y me enojo, soy terrible, pero muy terrible. Soy capaz de mandarla al hospital. Mejor vamos a dejarlo así.

Asunción no defendió su derecho y, en cambio, sólo puso puros pretextos.

Éstos fueron algunos ejemplos de situaciones cotidianas en donde la sumisión jugó un papel fundamental.

Ahora veamos cómo es nuestra capacidad de cambio cuando nos relacionamos de forma sumisa. Dado que pensamos que somos menos que los demás y esto nos ha creado, entre otras cosas, mucha frustración por no lograr que se cumplan nuestros deseos ni los resultados que esperamos, es lógico que sí percibamos la necesidad de cambiar; pero de inmediato aparecen los *pretextos* para no hacerlo. Algunos de ellos se han vuelto clásicos, como:

- Saldría peor si cambio: "Si le reclamo sería terrible porque podría salirme de mis casillas y hasta puedo mandarlo al hospital".
- Un poquito no hace daño: "Yo sé que no debería comer pasteles porque soy diabético, pero éste está chiquito, no creo que me haga daño".
- Favorece mi personalidad: "Yo sé que gritarles a mis subordinados no está bien, pero es la única forma para que me respeten".

Por último, vayamos a la pregunta clave: ¿Qué resultados podemos esperar si mantenemos una relación cargada de sumisión con otras personas?

La respuesta es simple: muy malos o muy pobres resultados, porque no lograremos satisfacer nuestras necesidades o deseos ni cumpliremos nuestros objetivos. Eso sí, nos volveremos expertos en dar explicaciones y pretextos sobre por qué no logramos lo que queremos. Pero quien no logra sus objetivos, ¿en qué se convierte? En un perdedor o, como dicen los jóvenes, en un *loser.*

En conclusión, la sumisión no paga bien. Te daré un último ejemplo para reafirmar esto.

Son las seis de la tarde de un sábado y la fila para comprar los boletos del cine está muy larga y un sujeto no quiere formarse. Veamos ahora cómo reaccionan tres personajes sumisos distintos ante este señor abusivo:

Personaje 1

—Señorita, deme cuatro boletos para la función de *Rápido y furioso* de las seis de la tarde.

—Perdón, señor, estamos formados.

—Pues siga formado, no le vayan a ganar su lugar.

—Es que nosotros llevamos 20 minutos esperando.

—Bueno, pero ya va a llegar.

—Pero, pero...

—Gracias, señorita. Adiós.

Personaje 2 (primero hostil y luego sumiso)

—Señorita, deme cuatro boletos para la función de *Rápido y furioso* de las seis de la tarde.

—¡Viejo panzón! ¡A la cola!

De inmediato el personaje se oculta y finge abrocharse los zapatos.

Personaje 3

—Señorita, deme cuatro boletos para la función de *Rápido y furioso* de las seis de la tarde.

—Mira nada más, vieja. Este señor acaba de llegar y ya se metió a la fila.

—Es cierto. Y la señorita va a venderle los boletos.

—Nunca falta un naco que quiera meterse a la fila. Pero eso son: unos nacos.

—Cállate, viejo, que te va a oír.

—Pues que me oiga, que me oiga, que me oiga –le responde el esposo a su mujer, pero el tono de su voz es cada vez más bajo.

—Avanza, viejo.

—¡Qué coraje me dan estos desgraciados!

—Bueno, pues dile algo.

—No, capaz que termino golpeándolo.

—Entonces si no vas a decirle nada ya avanza, compra los boletos y olvida el incidente.

Pero ¿qué crees que pasa dentro de la sala del cine con este último personaje sumiso?

—Mira dónde se sentó ese viejo abusivo.

—¿Dónde?

—Hasta adelante para que todo el mundo lo vea.

—Ya cállate, viejo. Ya apagaron las luces y va a comenzar la función.

A la mitad de la película le dice a su esposa:

—Escucha nada más qué ruido hace el desgraciado para abrir su bolsita de papas. Si hasta aquí se puede oír cómo mastica.

—Olvídalo ya, viejo, que el galán ya va a besar a la muchacha.

Al final, mientras se proyectan los créditos de la película:

—Mira, ya se levantó el ca... y todavía ni siquiera encienden las luces. Claro, quiere ser el primero en salir antes que nadie. ¡Ya me echó a perder mi tarde el desdichado!

Con respecto a este último ejemplo, ¿cómo pasó esa tarde nuestro personaje sumiso? Quejándose y quejándose hasta la noche. Pobre de su esposa por tener que aguantarlo. ¿Ése era el objetivo de la pareja para esa tarde de sábado? Por supuesto que no. Entonces, confirmamos que la sumisión no es nuestra mejor opción, así que más nos vale identificar esos comportamientos sumisos que utilizamos con ciertas personas o en cierta ocasiones y proponernos no volver a utilizarlos más.

LA TAREA
(SEGUNDA PARTE)

Antes de avanzar, voy a explicarte la segunda parte de la tarea. Consiste en que hagas una lista de los comportamientos sumisos que acostumbras utilizar con cierta frecuencia, con ciertas personas y en ciertos momentos. Esto es con el objetivo de que te propongas firmemente a dejar de utilizarlos.

Mis comportamientos sumisos son:

La hostilidad y la sumisión, comportamientos complementarios

Aunque te he hablado de dos tipos de comportamientos que son diferentes, en realidad cabe anotar que ambos son complementarios, ya que para que se den los comportamientos sumisos, se requiere que existan los comportamientos hostiles y viceversa. Ejemplos sobran:

- Para que haya un marido dominante, debe haber una esposa que sea una santa para aguantar por décadas un matrimonio de malos tratos y órdenes absolutas.
- Para que una esposa someta a su marido a base de amenazas, insultos y burlas, incluso enfrente de sus hijos, necesita existir un esposo mandilón.
- Para que una patrona abusiva explote a la sirvienta (hoy llamadas empleadas domésticas), se requiere que ésta sea una muchacha pueblerina o muy necesitada.
- Para que haya un niño que practique el *bullying* en su escuela, necesita existir otro niño con un defecto físico o con carácter débil.
- Para que exista un don Perpetuo del Rosal, cacique y presidente municipal de San Garabato de las Tunas, que abuse constantemente de todos, se necesita un pueblo

con borrachines, analfabetos, beatas, etcétera. (Como en la historieta de *Los supermachos* del caricaturista Rius de 1965.)

- Para que un país imperialista invada territorios extranjeros, deben haber países subdesarrollados.

Por tanto, podemos agrupar a la hostilidad y a la sumisión en una sola categoría: los comportamientos no asertivos, ya que no puede existir el uno sin el otro.

Estos dos comportamientos complican y hacen tortuosas las relaciones entre las personas, creando situaciones muy similares a las que vemos en las películas y, particularmente, en las telenovelas.

Si hacemos un sencillo análisis del guion de casi todas las telenovelas, y varias películas mexicanas y latinoamericanas, veremos una constante: un protagonista sumiso, un personaje malvado (hostil) y un tercer personaje que aconseja y apoya a la víctima para que pueda sobrevivir a los ataques del *malo*. Además, toda la historia está basada en la no expresión de los sentimientos de los personajes y en el ocultamiento de verdades que resultan clave en el desarrollo de la historia. Por supuesto, mientras los personajes no digan lo que sienten o digan una mentira tras otra, su vida se complicará más y el número de capítulos se multiplicará en proporción geométrica. Comentaré dos ejemplos para corroborar este punto.

Ángel Gutiérrez es un hombre bueno, bondadoso, amable y trabajador que de manera ardua y honrada realiza su labor en una oficina para darle todo su sueldo a su esposa, Rosa, quien lo trata muy mal, lo humilla y lo desprecia por considerarlo un mediocre. Sus dos hijos, Julio César y Lucrecia, no lo respetan por consejo de su madre, quien les ha hecho creer que es un hombre bueno para nada. En la oficina todo el mundo se burla de Ángel, incluso su jefe, el señor Martínez, quien le pone como apodo Gutierritos.

Pero ¿qué creen? El tal Gutierritos ocultaba su talento de escritor. Y por medio de Jorge, su único amigo, publicaba un libro por capítulos en un diario, con gran éxito. Además, el protagonista escondía su admiración y amor platónico por Elena, una compañera de trabajo.

Por no vivir su vida con franqueza y confianza, *Gutierritos* es traicionado por su amigo, quien se hace pasar por el autor del exitoso libro y conquista el corazón de la bella Elena. Esto provoca la decepción, la tristeza y la frustración del pobre oficinista y sufrido esposo, pero logra la simpatía de un auditorio que se identifica con el personaje débil y perdedor, víctima de los demás.

¿Qué habría pasado si Ángel hubiera actuado asertivamente y hecho público que él era el autor del exitoso libro *Memorias del señor Gutiérrez?*

Es bastante probable que su autoestima se habría elevado, al igual que la seguridad en sí mismo, y por fin se hubiera ganado el respeto de su esposa, sus hijos, su jefe y sus compañeros de trabajo. Pero la telenovela se hubiera acabado en diez capítulos.

En un típico argumento de telenovela, Javier, el joven hijo de un poderoso hacendado y huérfano de madre, se enamora en el capítulo ocho de una mujer que es 20 años mayor que él. Su padre, su nana y su padrino le dicen y le exigen, durante los siguientes 50 capítulos, que no debe sostener esa relación amorosa, pero no le dan ninguna razón concreta para no hacerlo. Por lo cual, el muchacho y su amante deciden mantener una oculta y atormentada relación.

En el capítulo 120, su nana, gravemente enferma, manda llamar a Javier para decirle toda la verdad: "Mi niño, tú no puedes casarte con esa mujer porque ella es... –tose–, esa mujer es... –vuelve a toser". El muchacho, desesperado, inquiere: "¿Quién es, nana? ¡Dímelo, dímelo!" Y ella contesta: "Es tu, tu, tu... –suspira y muere".

En el capítulo 230, Apolinar, su padrino, amenaza a su compadre con decirle toda la verdad al muchacho sobre la mujer de la que está enamorado si no se la cuenta él mismo. Ante la negativa del padre, el padrino se acerca al joven y le dice: "Ahijado, tú no puedes casarte con esa mujer porque ella es justamente tu..." Entonces, ¡pum!, se oye un disparo que mata en el acto a Apolinar.

En capítulo 280, la pareja de enamorados se entera por fin de la verdad: que ella es nada más y nada menos que su madre y que él es aquel hijo que engendró fuera del matrimonio y que su padre le dijo que había nacido muerto. En el siguiente capítulo ambos inician una nueva relación de madre e hijo y termina la telenovela.

¿Qué hubiera pasado si asertivamente le hubieran dicho la verdad a la pareja de enamorados? En el capítulo nueve ambos habrían llorado y justo después iniciado una nueva relación de madre e hijo. La novela se habría terminado en el capítulo 10.

Con toda esta información no te será difícil imaginar el tipo de relaciones que se desprenden cuando las personas se comportan de esta manera, con la hostilidad por una parte y la sumisión por la otra. Relaciones caracterizadas por ser:

- *Enfermizas.* Ya que uno abusa del otro y éste acepta ser el perdedor con tal de que el otro no vaya a dejarlo. Por ejemplo, la clásica mujer humilde y sumisa que piensa de su marido: "Si no me pega es que no me quere".

- *Superficiales.* En éstas, al no expresar abiertamente ideas, opiniones y, sobre todo, sentimientos, todos se protegen para no mostrarse tal como son. Sus temas de conversación se restringirán al clima, la trama de las telenovelas, los chismes de los artistas y lo que dicen en los noticiarios de la televisión.
- *Improductivas.* En este tipo de relaciones lo más probable es que no se logren los resultados que se desean alcanzar, ya que resultan ser complicadas, inestables y frágiles.
- *De corto plazo.* La brevedad de éstas se debe a que no hay suficiente comunicación. Por ejemplo: un grupo de excompañeras de la primaria y secundaria se organizan para juntarse una vez al mes para convivir y recordar viejos tiempos. Sin embargo, en los primeros encuentros surgen los conflictos: Pituca hace un comentario sarcástico sobre el esposo de Matilde y ella amenaza con ya no asistir a las siguientes reuniones si se vuelve a invitar a Pituca. Ella no tiene la capacidad de hacerle el reclamo abierto a su *amiga*, por lo cual las reuniones terminan después de la tercera ocasión.

Por último, en cuanto a estos dos comportamientos se presenta otro fenómeno muy peculiar. En no pocos casos, la hostilidad y la sumisión pueden presentarse en una misma persona, a pesar de ser comportamientos opuestos. Dicen que los opuestos se atraen y, en este caso, esta premisa se cumple cuando el hostil abandona esta posición y se mueve a la sumisión y el sumiso se convierte en hostil. Ejemplos hay muchos y cada uno de nosotros recordará algunos casos:

- El señor que ante un incidente de tránsito se baja de su auto y, con actitudes hostiles, le grita al conductor del otro coche: "¡Bájate, bájate, desgraciado!" Pero cuando el otro individuo se baja de su vehículo, el primero se da cuenta de que es un hombre más alto y corpulento que él y además amenaza con golpearlo. El hostil da la media vuelta y sale corriendo como el peor de los cobardes.
- En uno de los cursos que doy, un alumno compartió una experiencia impresionante en este sentido: cuando él estaba en secundaria, uno de sus compañeros acostumbraba, a la hora del recreo, a tomar su mochila y aventarla desde el segundo piso donde se situaba su salón. Como consecuencia, cuando mi alumno regresaba a clases, tenía que pedirle permiso al maestro para ir a recogerla, ante las risas burlonas de sus compañeros.

  Cierto día, al olvidar el dinero para comprarse una torta y un refresco a la mitad del recreo, regresó al salón y, para su asombro y el de aquel compañero, sorprendió a éste cuando pretendía, una vez más, arrojar su mochila al patio. Con un fuerte grito lo detuvo, le arrebató la mochila y lo cargó en sus brazos con facilidad, ya que era más fuerte que el otro alumno. Se dirigió al barandal del pasillo con la firme intención de lanzarlo. Sin embargo, los gritos de sus compañeras le impidieron cometer esta locura.
- En una secundaria, el alumno obeso de 14 años era molestado a menudo por un compañero de la misma edad, de complexión muy delgada, quien le hacía burlas y le bajaba los pantalones en la clase de educación física. Aunque el niño gordito nunca reclamó ni se defendió, llegó inevitablemente un día en que, en un descanso en el pasillo de la

escuela, el muchacho flaquito empezó a molestarlo con pequeños golpes al cuerpo y a la cara, hasta que le acertó una bofetada. En ese momento, la reacción del muchacho agredido fue dar un paso atrás y replegarse hacia la pared, en una muestra clara de sometimiento. Esta actitud invitó al niño agresor a tirarle más golpes, esta vez con más fuerza, ante la vista y aclamaciones de otros compañeros. Después de un golpe en el estómago, el gordito reaccionó de una manera inesperada e inusual: se le fue encima a su compañero, lo levantó con gran facilidad, lo elevó hasta lo más alto que pudo y lo azotó contra el piso, ante el asombro de todos los espectadores.

Por fortuna, el muchacho no cayó de cabeza porque es probable que el golpe hubiera sido fatal. Solamente quedó tirado en el piso por algunos segundos y después se puso de pie con gran dificultad, ya que se había fracturado una costilla. El gordito se retiró de la escena sin decir palabra. Este caso se suscitó en una escuela de Australia y fue grabado por la cámara del teléfono celular de un compañero que lo subió a YouTube y trascendió en los noticieros de muchas partes del mundo.

Estos ejemplos nos llevan a una conclusión muy relevante: que la hostilidad y la sumisión van de la mano. Un individuo que asume un papel sumiso ante personas de mayor poder que él, tenderá a adoptar una actitud hostil ante las que tienen menor poder. Esto es un intento de sacar ventaja de estas últimas, y tiene el objetivo de compensar lo que ha perdido con las primeras. En realidad, las dos posiciones son una misma actitud ante la vida: la no asertividad. Es decir, somos asertivos o no lo somos y no hay más.

Comportamientos asertivos

Ahora que ha quedado claro que la hostilidad y la sumisión no pagan bien, estarás ansioso por conocer y analizar el tercer camino, al que vamos a llamar *asertividad.*

Observa cuáles son las actitudes y comportamientos que caracterizan a la persona asertiva e identifica cuáles practicas y cuáles no:

- Da un trato digno y respetuoso a todas las personas con las que se relaciona, sin excepción. Es una persona que no se siente más que ninguna otra, particularmente frente a individuos humildes o de menor edad, nivel social, cultural, académico o económico. Le habla de usted a quienes son mayores, los ve a la cara cuando platica con ellos y los escucha con auténtico interés. No interrumpe la comunicación ni se distrae para contestar una llamada o para atender a otra persona. Evita el trato basado en la compasión o en la lástima por alguna supuesta debilidad.

  Por ejemplo, el auxiliar administrativo de la oficina le reclama a la empleada de limpieza por haber dejado sucio su escritorio: "Oiga, doña Otilia, mire esta mancha que dejó en mi escritorio. El hecho de que no limpie bien la oficina me preocupa, ya que damos una mala imagen a nuestros visitantes. Le pido, por favor, que la próxima vez ponga más atención en su trabajo para que esto no vuelva a ocurrir. Muchas gracias".

- Está siempre dispuesta a escuchar con la debida atención e interés a quien se lo pide; además, tiene la capacidad o, mejor dicho, la sensibilidad de detectar, por algún comportamiento inusual o una frase indirecta, a quien tiene la necesidad de ser escuchado pero que no se atreve a solicitarlo.
- Además de su capacidad de escuchar, tiene otra gran habilidad, entiende lo que la otra persona quiere decir o, mejor dicho, muestra su comprensión hacia lo que la otra persona siente en un momento dado (alegría, orgullo, tristeza, preocupación, decepción, molestia, enojo, etcétera). No sólo lo entiende, sino que lo demuestra comentando su percepción o expresando un sentimiento similar. A esto se le llama ser empático. Como sabemos, la empatía es la capacidad de ponerse en los zapatos de los demás.

Don Benigno, gerente de producción de una empresa manufacturera, es muy apreciado por su gente, ya que lo consideran un jefe muy comprensivo. Es común escucharlo decir frases como: "Veo que estás muy molesto y entiendo que quieras golpear a tu compañero", "Me alegra mucho verte tan contento, ¡qué bueno que te graduaste de abogado!", "¡Qué lástima que te haya sucedido eso! Ahora entiendo por qué te sientes tan mal", "Te veo preocupado, ¿te sucede algo?", "Estás muy serio. Si tienes algún problema y quieres compartirlo conmigo, estaré en mi oficina toda la tarde".

- Como la persona asertiva no se siente superior a nadie, le es fácil ser flexible y abierta a:

  - Los desacuerdos con otras personas, ya que piensa que nadie tiene la obligación de pensar igual que ella.
  - Las opiniones, ya que no se cree poseedora de la verdad.
  - Las quejas, ya que no se cree infalible ni perfecta y sabe que, de alguna forma involuntaria, puede afectar a los demás.
  - Los cambios y sugerencias, ya que está dispuesta a conocer nuevas o diferentes formas de hacer las cosas, sobre la base de que todo cambio bien manejado implica una oportunidad de crecer, de aprender y de mejorar.
  - La asertividad, que en este caso, no implica que siempre esté de acuerdo y acepte lo que le proponen los demás. Cuando no lo está, lo menciona abiertamente y defiende su posición.

- Felicita a los demás cuando han hecho o logrado algo importante, por pequeño que esto sea.

Euquerio lee la boleta de calificaciones de su hijo y le dice: "Órale, Euquerito. Mira, ya lograste sacar siete en matemáticas después de haber reprobado los dos últimos exámenes. Muy bien, me siento muy contento por el esfuerzo que hiciste. Ahora, ¿por cuál calificación vas para el próximo examen? ¿Por un 8?"

- Dice lo que piensa con un claro tono de convencimiento, sin cortapisas, es decir, sin miedo a lo que vaya a pensar o decir la gente. Aunque todos sus amigos o compañeros piensen de una misma manera, es capaz de disentir y de defender su posición con firmeza, pero siempre de una manera amable.
- Pregunta sin sentir vergüenza cualquier duda que tenga, incluso si ésta da la apariencia de ser insignificante, ya que no se cree el sabelotodo y acepta con humildad cuando no sabe algo, sin importarle que la gente piense que es un tonto o un ignorante.

Crescencio lleva dando vueltas y vueltas en su auto sin poder encontrar la calle donde vive su jefe, quien lo invitó a una comida. Su esposa le pregunta:

—¿Ya te perdiste, Chencho?

—Creo que sí, vieja –acepta él con humildad.

—Pues párate en la esquina y bájate a preguntar –propone su esposa.

Crescencio detiene el auto, le pregunta a un agente de tránsito y resuelve el problema.

•

Doña Felisa no encuentra el pasillo donde están las carpetas de argollas que quiere comprar en la tienda y, al voltear, ubica a dos vendedores que están platicando. Se acerca a ellos y les pregunta:

—Jóvenes... –los muchachos dejan de platicar–. ¿Saben dónde están las carpetas de argollas?

Uno de los vendedores le dice:

—Sígame, por favor.

- Solicita lo que necesita o desea, sin esperar a que los demás lo adivinen. La persona asertiva piensa que, como ser humano, tiene todo el derecho del mundo a tratar de cubrir sus necesidades, satisfacer sus deseos y resolver sus problemas. Sabe que lo peor que pueden decirle es *no*, pero ese *no* ya lo tiene desde un principio; es decir, no tiene nada que perder al solicitar lo que requiere, por el contrario, al pedir tiene una buena oportunidad de ganar. Su asertividad, basada en su madurez, le da la capacidad para aceptar por respuesta un *no* a su solicitud sin sentirse mal, un perdedor o menos que la persona que le niega la solicitud. Sabe que, en todo caso, podrá negociar ese *no* ofreciendo algo a cambio o generar otras opciones para conseguir lo que necesita o quiere.

Eladio se da cuenta de que le han servido la sopa fría en un restaurante de lujo donde celebra el cumpleaños de su esposa. De inmediato llama al mesero:

—Joven.

El mesero, como la mayoría de los meseros, no lo oye y se pasa de largo, sin embargo, Eladio eleva el volumen de su voz:

—¡Joven! –El mesero reacciona y de inmediato acude:

—Perdón, señor, no lo escuché.

—Oiga, la sopa está fría. Quiero que la calienten y, por favor, no se tarde mucho porque ya tengo hambre –explica Eladio.

—No, señor. De inmediato la traigo y usted disculpe –responde el mesero.

•

Refugio se apresura a salir del centro comercial para llegar a tiempo a una cita importante. Baja por las escaleras eléctricas, pero se topa con una parejita de novios que van abrazados y le bloquean el paso.

—¿Me permiten pasar, por favor? –les dice.

—Sí, sí. Perdone –contesta el muchacho y se hace a un lado.

—Gracias –responde Cuco.

- Repite su solicitud a quien ya se la había pedido en varias ocasiones, tantas veces como sea necesario.

Al terminar el desayuno familiar de un domingo, Rufina se levanta de la mesa y lleva varios platos a la cocina. Cuando regresa al comedor, ve que su marido y sus hijos ya no están ahí y ahora ven la televisión en la sala. Aunque ya se los ha dicho varias veces, doña Rufi, sin molestarse pero con firmeza, les dice:

—A ver, a ver. Apaguen esa televisión y vengan a levantar la mesa y a lavar los platos.

El esposo le responde:

—Espera un poco, Rufi, porque estamos viendo una película que está muy entretenida. Échanos la mano y lávalos tú –replica el esposo.

—Óiganme, no. Es injusto que todos hayan desayunado y nada más yo sea quien deba lavar los trastes. Así que tú, Roque, recoges todo lo que está en la mesa y lo llevas a la cocina. Tú, Anastasia, enjabonas los trastes y yo los enjuago, y tú, Melquiades, los secas –indica con determinación Rufina.

Todos se levantan y ponen manos a la obra.

- Dice no cuando quiere decir no, mediante un sencillo procedimiento:

    · Escucha con atención la petición de la otra persona.
    · Empata, en su caso, con el sentimiento del otro.
    · Le dice que *no* con sensibilidad.
    · Según la situación, le da explicaciones.
    · Si le es posible, ofrece otras alternativas.

Un compañero de trabajo, Cayetano, le solicita a Isidro un préstamo de 5 mil pesos:

—Si no le pago al casero estos tres meses de renta nos va a poner de patitas en la calle a mí y a toda mi familia –le dice Cayetano casi llorando.

Isidro, después de escucharlo, entiende su situación:

—Oye, menudo problema tienes. Con razón estás tan angustiado, pero fíjate que no puedo prestarte el dinero.

Luego de decirle *no*, le ofrece una explicación y una alternativa:

—Fíjate, Caye, que esta semana tengo que pagar las colegiaturas de mis hijos porque si no lo hago les quitan el derecho a presentar sus exámenes. Por cierto, ¿no has pensado en pedir un préstamo al Fondo de ahorro que tenemos en la empresa?

- Pide perdón o se disculpa cuando comete un error que haya perjudicado a alguien.

Al visitar la casa de su tía, Marcelino pasa al baño a lavarse las manos antes de comer. En su trayecto hacia el comedor su mano se topa sin querer con un florero que estaba sobre una pequeña mesa a la mitad del pasillo. El florero cae al suelo y se rompe en pedazos. Llega al comedor y le dice a su anfitriona:

—Tía Concha, qué pena, acabo de romper el florerito que tenía en la mesita del pasillo.

—No te preocupes, Marce –lo tranquiliza la señora.

—Présteme una escoba y un recogedor. Yo se lo voy a reponer, le doy mi palabra. ¿Dónde lo compró? –promete el sobrino.

•

Cipriano sube a su auto, después de hacer sus compras en un supermercado, lo enciende y da marcha atrás. En ese instante se oye un golpe seco y el auto se detiene abruptamente. En seguida voltea hacia el espejo retrovisor y descubre que chocó contra un poste. Entonces exclama:

—¡Qué barbaridad, le pegué al poste! Eso me pasa por andar a las prisas.

- Defiende sus intereses y derechos de una manera firme y decidida; reclama con seguridad y sin ofender a quien trata de abusar de su persona.

Una compañera de trabajo de Prudencia toma su engrapadora de su escritorio y se la lleva sin pedir permiso, justo en el momento en el que ella llega. Ante este abuso, Prudencia le reclama:

—Oye, Plácida, deja esa engrapadora en mi escritorio, por favor.

—Cálmate, Pru. Sólo voy a usarla rápido y te la regreso luego, luego.

—No, esa engrapadora es mía y me molesta que siempre la tomes sin preguntar y nunca la devuelvas a su lugar.

—Uy, qué delicadita.

—Piensa lo que quieras, pero no vuelvas a tomar mis cosas sin mi permiso.

- Expresa sus sentimientos cumpliendo cinco requisitos:

1. De manera directa; es decir, sin rodeos:

"Oye, quiero hablar sobre lo que mencionaste en la junta de la mañana..."

A diferencia de:

"Oye, tú y yo nos conocemos desde hace cinco años, cuando nos contrataron en esta empresa, y siempre hemos sido buenos amigos. Por eso me extraña que hubieras hecho ese comentario en la junta de hoy en la mañana..."

2. De forma abierta y sin ocultar ninguna información.

"Oye, cariño, tú me dijiste que no podías reunirte conmigo ayer en la tarde porque ibas a una conferencia en la universidad y te vi en la cafetería con tus amigas, ¿qué pasó?"

A diferencia de:

—Hola, Paquita, ¿cómo te fue ayer en la conferencia? ¿Estuvo interesante?

—Sí, mi amor, estuvo muy buena y hasta duró más de lo programado. Entonces el novio, ofendido por el doble engaño, le revira:

—¿Ah, sí? Pues ¿qué crees? Eres una mentirosa porque yo te vi en la cafetería con tus amigotas.

3. De forma clara, sin ambigüedades. Llama al *pan, pan y al vino, vino.*

"Oye, Jacinta, tu comentario acerca de la comida que nos ofreció Otilia ayer, sobre que no estaba buena y que mejor hubiéramos pedido pizzas, fue una descortesía y yo creo conveniente que le ofrezcas una disculpa."

A diferencia de:

"Oye, Jacinta, dicen que tu comentario sobre la comida que nos ofreció Otilia ayer en su casa estuvo un poquito fuera de lugar. A muchos les pareció mala onda. ¿No crees que deberías disculparte con ella?"

4. Con firmeza, sin titubeos. Evita situaciones como:

"¿Puedo pasar, jefe? Mire, quiero pedirle permiso de salir a las cuatro de la tarde para llevar a mi esposa al cine porque hoy cumplimos 25 años de casados."

A diferencia de:

—Jefe, ¿puedo pasar? No tardo mucho.

—Bueno, pásele, Lopitos, y sea breve porque no me gusta perder el tiempo y ahorita tengo muchísimo trabajo.

—Este... este... este... Mmmm, mmmm... Venía a decirle que yo quisiera, si se pudiera, si no afectara a la oficina, que me diera la tarde libre. Es que... es que... es que quiero llevar a mi esposa al cine porque hoy cumplimos 25 años de casados.

—Bueno, bueno, pero con una condición, Lopitos: que esto no se vuelva una costumbre y cada 25 años quiera usted un permiso.

5. Sin ofender a los demás. Trata de evitar situaciones como la siguiente:

—Oye, Mafalda.

—Dime, Susanita.

—He notado que Manolito tiene una cara muy sincera. Voy a decírselo porque ¡mira que hay caras hipócritas! En cambio, la de Manolito dice con toda claridad y sin tapujos... ¡lo bestia que es!

- Tiene la capacidad de perdonar y olvidar los errores de los demás. Trata de que estas situaciones siempre se queden en el pasado y evita el clásico yo te perdoné, pero no olvido nunca lo que me hacen. Encontré una canción sui géneris porque es de las pocas que podría considerar como asertiva. Lleva por nombre *Que te vaya bien* y la hizo famosa el cantante ecuatoriano Julio Jaramillo, dice lo siguiente:

Si me dejas por un nuevo amor,
te dejo también.
Que al final, con el tiempo,
el olvido curará mis penas.
Sigue feliz tu camino y que te vaya bien.
Que te vaya bien.
Que te vaya bien.

Con respecto a este último ejemplo, considero esta canción asertiva porque la persona reconoce que le duele que su pareja la deje, pero no piensa quedarse con ese dolor todo el tiempo. Además manifiesta su capacidad de perdonar sin ningún rencor y desearle lo mejor.

Cuántas personas no reaccionarían con la amenaza de que si su pareja se va, se arrepentirá, no la perdonarán nunca y la odiarán hasta el último día de su vida. Yo te aseguro que no se va arrepentir quien se marcha y su vida no se echará a perder por no haber recibido el perdón. En cambio, a quien se le amargará la vida será a quien no perdona, ya que recordará con mucha frecuencia y reprochará a la persona que lo abandonó; por ello, caerá en un estado de ánimo negativo que afectará sus comportamientos y su desempeño.

Así que la capacidad de perdonar tiene la gran ventaja de liberarnos de resentimientos que sólo envenenan nuestra vida.

Ahora, ha llegado la hora de la verdad, evalúa qué tan asertivo eres. ¿Cuántas de las siguientes actitudes y comportamientos tienes integradas en tu manera de relacionarte con los demás y en qué grado los practicas (del uno al 10)? Dado que algunos son más complicados que otros, me he permitido clasificarlos en tres categorías:

Categoría A

- Dar un trato digno y respetuoso a todas las personas.
- Estar siempre dispuesto a escuchar a los demás cuando lo necesiten.
- Entender y ser empático con las personas cuando muestran alguna emoción.

- Ser flexible y abierto a desacuerdos, quejas, cambios, opiniones y sugerencias de otros.
- Mencionar cuando se esté de acuerdo y cuando no.
- Felicitar a los demás si han logrado algo importante.

Categoría AA

- Expresar lo que se piensa sin temer lo que dirán.
- Preguntar sin vergüenza cualquier duda que se tenga.
- Solicitar lo que se necesite o desee sin esperar a que lo adivinen los demás o volver a hacer una solicitud, aunque ya se haya pedido en ocasiones anteriores.
- Decir *no* cuando se quiera decir no pero con sensibilidad y, en su caso, ofrecer explicaciones u otras alternativas. Escuchar y empatizar con el sentimiento del otro.
- Pedir perdón o disculparse cuando se cometa un error que haya afectado o perjudicado a alguien más.

Categoría AAA

- Reclamar y defender los intereses y derechos propios de manera firme y decidida de quien trate de abusar.
- Expresar los sentimientos de forma:

  · Directa, sin rodeos.
  · Abierta, sin ocultar ninguna información.
  · Clara, sin ambigüedades.
  · Firme, sin titubeos.
  · Pacífica, sin ofender a los demás.

- Tener la capacidad de perdonar y olvidar los errores de los demás.

¿Cómo te fue en tu evaluación? Reflexiona, ¿cuántos de estos comportamientos obtuvieron una calificación alta?

Ahora, te propongo otra pequeña prueba: elabora una lista de todos los sentimientos que recuerdes que existen en el idioma español (sin ver la que sigue a continuación).

____________	____________
____________	____________
____________	____________
____________	____________

Después de contestar lo anterior, a continuación veamos, a manera de ejemplo, una lista con 90 estados emocionales que bien podrías utilizar para ampliar tu vocabulario y practicar tu asertividad:

Me siento

Abatido	Abochornado	Aburrido
Aceptado	Acompañado	Admirado
Afligido	Agobiado	Agradecido
Alarmado	Alegre	Amado
Amargado	Amedrentado	Ansioso
Apenado	Apreciado	Arrepentido
Arropado	Asombrado	Aterrado

Aterrado	Atormentado	Avergonzado
Capaz	Celoso	Cómodo
Confiado	Confundido	Deprimido
Desalentado	Desamparado	Desconcertado
Desconfiado	Desesperanzado	Desilusionado
Desolado	Despreciado	Entusiasmado
Envidiado	Esperanzado	Eufórico
Fastidiado	Feliz	Frustrado
Hastiado	Horrorizado	Humillado
Ilusionado	Impaciente	Incapaz
Inmune	Insatisfecho	Inseguro
Intranquilo	Inútil	Iracundo
Irritado	Mediocre	Melancólico
Molesto	Motivado	Nervioso
Nostálgico	Obsequioso	Ofendido
Optimista	Orgulloso	Pendenciero
Perplejo	Pleno	Preocupado
Presumido	Protegido	Rechazado
Rencoroso	Repudiado	Resignado
Satisfecho	Seguro	Solo
Taciturno	Temeroso	Timorato
Traicionado	Tranquilo	Triste
Útil	Vacío	Valioso

Una constante en los comportamientos asertivos, sobre todo los que observamos en la categoría AA y AAA, es la esencia de la asertividad y se llama *firmeza*. La misma palabra *asertividad* se asemeja a otra que empieza con las mismas letras y que usamos cuando estamos muy seguros de lo que decimos. ¿Ya la adivinaste? Piénsale un poquito. Exacto, la palabra es *aseverar*. Es decir, afirmamos para no dejar lugar a dudas: "No lo digo, lo *asevero*".

Tomando como ejemplo la relación entre un jefe y sus empleados, veamos ahora cómo maneja un líder asertivo a un colaborador inmaduro:

El jefe llama a Salomón, su colaborador:

—Salomón, ven un momento por favor.

—Al ratito porque estoy ocupado.

—No, al ratito no. Ahorita.

—Es que primero voy a traer unas cosas que necesito.

—No, escúchame lo que te digo. Ven acá. Es una orden.

—Pues, ¿qué quiere?

—Quiero que me digas el motivo por el que no viniste ayer a trabajar.

—Ah, es que tuve un problema.

—¿Qué problema?

—Pues uno.

—Sí, ya entendí que tuviste un problema, pero quiero saber de qué tipo.

—Pues uno personal y usted no tiene derecho a meterse en mi vida privada.

—Espera un momento, Salomón. No es mi intención meterme en tu vida privada, pero tengo derecho a que me des una explicación, ya que cuando tú faltas sin avisar afectas la operación del departamento. Y todo lo que perjudique a los resultados de esta área sí es mi asunto. Si no quieres decírmelo está bien, pues entiendo que es un asunto personal, sin embargo, tomaré esta falta como injustificada y, por lo tanto, se te descontará el día.

—No manche, jefe, no sea canijo.

—Oye, ésa no es la forma de hablarle a tu jefe. Te pido respeto.

—Bueno, bueno, no es para tanto.

—Sí es para tanto. Si yo no te falto al respeto, tú tienes que tratarme igual.

—Bueno, pero no me descuente el día. Yo tengo esposa e hijos que mantener. No sea malo. Por lo que más quiera, no me lo descuente.

—Lo siento, pero tú conoces las reglas, así que asume las consecuencias de tus actos. ¿Y por qué no avistaste?

—Ah, es que no tuve tiempo.

—¿No tuviste tiempo para tomar tu teléfono celular y hacer una llamada?

—Es que justo ayer se me acabó el crédito de mi teléfono.

—A mí no me vengas con pretextos. Sabes que tienes la obligación de avisar y espero que sea la última vez que faltas y no me avisas. ¿Entendido?

—Sí, jefe.

—Ahora, vete a trabajar.

—Pero primero tengo que hacer una llamada a mi casa para ver cómo van las cosas.

—No, no vas a hacer ninguna llamada ahorita. Es momento de trabajar y a la hora de tu descanso hablas a tu casa.

PREGUNTAS DE REFLEXIÓN

El jefe:

- ¿Le pidió de manera directa a Salomón una explicación por su ausencia?
- ¿Le insistió para que le contestara su pregunta sobre qué problema tuvo?
- ¿Le reclamó por no avisar de su ausencia?
- ¿Le dijo con claridad que su ausencia le molestó porque lo afectó?
- ¿Puso a Salomón en su lugar cuando le faltó al respeto?
- ¿Le negó el permiso para hablar por teléfono en lugar de ponerse a trabajar?

Todas las respuestas anteriores resultaron afirmativas, por lo tanto, es posible clasificar a este jefe como un líder asertivo.

Ahora veamos qué pasa con la capacidad de cambio en este caso. Una persona asertiva está satisfecha de los logros y resultados que ha obtenido en su vida, pero no es conformista: siempre está abierta a los cambios como una forma de superación permanente.

En conclusión, podemos obtener varios beneficios de la asertividad. En primer lugar, por medio de ella logramos crear y mantener relaciones interpersonales de alta calidad, caracterizadas por ser:

- *Sanas.* Basadas en principios de respeto, entendimiento, equidad y justicia.

- *Profundas.* Ya que gracias a que expresamos ideas, opiniones y, sobre todo, sentimientos, podemos compartir con los demás nuestra esencia.
- *Productivas.* Es decir, que se logran los resultados esperados de esa relación, ya sea en el trabajo, en una reunión de amigos para conversar, en una fiesta para divertirse, en la familia para pasarla bien en un paseo dominical, etcétera.
- *De largo plazo.* Basadas en la capacidad de comunicación y respeto. Por ejemplo: conozco a un grupo de 15 amigas que se conocieron desde la primaria y secundaria, quienes se reúnen desde hace 30 años una vez al mes para convivir. Es probable que hayan tenido problemas y desacuerdos a lo largo del tiempo. Pero eso no significa que hayan terminado su amistad.

Alguna vez Pituca pudo hacer un comentario sarcástico sobre el esposo de Matilde, pero gracias a la asertividad, ésta le reclamó a Pituca:

—Oye, el comentario que hiciste de mi Basilio me pareció muy desagradable y sarcástico.

—Perdón, Matilde, no lo hice con esa intención, pero tienes razón, discúlpame –respondió Pituca.

—Está bien, ya no hay problema –concluyó Matilde.

En segundo lugar, con este tipo de relaciones se logran todos los apoyos necesarios para poder cumplir nuestros objetivos. En definitiva, quien llega a sus metas o logra resultados es y será un triunfador.

Sin duda, la asertividad sí paga bien y, para demostrarlo, regresemos al ejemplo del cine donde un señor quiere meterse en la fila. Veamos ahora cómo reacciona un personaje asertivo ante el abusivo:

—Señorita, deme cuatro boletos para la función de *Rápido y furioso* de las seis de la tarde.

—Oiga, señor, fórmese.

—Es que yo tengo prisa.

—No importa, nosotros estamos formados desde hace 20 minutos y no es justo que usted quiera meterse. Fórmese.

Directo, claro y firme. ¿Será suficiente para que el abusivo se retire? Bueno, puede ser que la historia acabe favorablemente y este señor, ante una escena que nunca esperó (encontrarse una persona que ya leyó el libro que tienes en tus manos y que lo enfrentó de esta manera), se dé la media vuelta y, aunque refunfuñe e insulte a quien lo confrontó, se aleje *con la cola entre la patas.*

Sin embargo, seré sincero. Puede ser que la historia acabe de otra manera. Tú dirás: "Uh, ¿tanto leer el libro para que a estas alturas me diga el autor que a lo mejor sí y a lo mejor no funciona?" Pues sí, cabe la posibilidad de que el abusivo se niegue y diga: "¿Quién me va a sacar? ¿Tú y cuántos más?"

Pero entonces el asertivo le contestará: "No, señor, yo no voy a pelear por unos boletos de cine, pero sí le digo que estos abusos me molestan mucho. Por eso este país no avanza como debería hacerlo".

Aunque el abusivo no se salga de la fila, yo te pregunto: ¿cómo se sentirá el personaje asertivo después de que enfrentó al abusivo? Lo más probable es que se sienta tranquilo por haberle dicho lo que pensaba. ¿Qué pensarán de él los familiares que lo acompañan y vieron su reacción? Es posible que se gane su respeto, como una persona que no se queda callada ante el abuso de los demás; una persona lo bastante madura para aceptar un *no* como respuesta a sus peticiones sin que esto afecte a su autoestima.

Después de todo, la asertividad, en un caso o en el otro, paga bien. Este personaje asertivo entrará a la sala de cine sin preocuparle en dónde se sentó el abusivo, si comió papás o no, si se levantó antes de que prendieran las luces o no. Disfrutó la película y la tarde de sábado junto con su familia, como lo habían planeado, y no dejó que nadie le echara a perder su día.

Además, quiero decirte que una persona asertiva también puede utilizar estrategias para resolver su problema por medio de otras personas. Por ejemplo:

—Señorita, deme cuatro boletos para la función de *Rápido y furioso* de las seis de la tarde.

—Señorita, este señor se ha metido a la fila. No le venda los boletos, por favor.

Así que aquí tenemos una tercera opción que podríamos considerar. No obstante, como toda regla, tiene su excepción. Habrá ocasiones y situaciones en las que no valga la pena ser asertivos. Por ejemplo, cuando nos enfrentamos a un tipo borracho que nos causa problemas o a un guardaespaldas armado y prepotente que abusa de nosotros. En estos casos podemos decidir no confrontar a estas personas debido al riesgo que tenemos de ser agredidos al protestarles su comportamiento. Incluso, habrá ocasiones en que no tengamos tiempo o ánimo para reclamarle al gerente de un restaurante el mal servicio de un mesero y prefiramos no hacer nada.

En estos últimos casos, cuando nosotros decidimos conscientemente no actuar o no reclamar, no dejamos de ser asertivos, siempre y cuando no sintamos remordimientos futuros, como las personas que se mortifican con la frase de *¿Por qué demonios no se lo dije?*

LA TAREA
(TERCERA PARTE)

Antes de terminar este capítulo, tienes que hacer la tercera parte de la tarea. Consiste en que elabores una lista de los comportamientos asertivos que te faltan y que debes integrar a tu manera de ser para que sustituyan a tus comportamientos hostiles y sumisos, y así puedas establecer relaciones de alta calidad con los demás en todos los ámbitos de la vida. Sólo de esta manera podrás apuntarte a la lista de los triunfadores.

Los comportamientos asertivos que me faltan son:

Cómo transitar hacia la asertividad

Hemos analizado las tres posiciones posibles para relacionarnos con los demás. Ahora te preguntaras: ¿de qué depende que seamos más hostiles, más sumisos o más asertivos?, ¿por qué a veces nos sentimos más o menos que los demás? Pues la respuesta radica en que cada persona adopta una u otra posición, dependiendo de dos elementos clave de la asertividad: la autoestima y la madurez.

La autoestima es el valor que nos damos en función de la percepción que tenemos de nosotros mismos, ya sea:

- Por la comparación de nosotros con las personas que forman parte de nuestro entorno familiar, escolar, laboral y social, en cuanto a lo que somos o hemos logrado ser.
- Por el balance que hacemos entre nuestras virtudes y nuestros defectos.

Si en la comparación resulta que los demás tienen más que nosotros o que son más que nosotros y consideramos que tenemos más defectos que virtudes, entonces tendremos una baja autoestima en automático.

En caso contrario, si en la comparación nosotros resultamos por arriba de los demás o conscientemente no nos comparamos con nadie y nos enfocamos más en nuestras virtudes que en nuestros defectos, nuestra autoestima será alta.

La madurez de la persona se da en dos dimensiones: la física y la psicológica. Se espera que, en términos normales, un individuo desarrolle ambas a la par; es decir, que un niño se comporte como niño, un adolescente como adolescente y un adulto como adulto. Sin embargo, se dan casos en que el desarrollo psicológico se retrasa una o dos etapas. Ejemplos:

- *Un adolescente que actúa como niño.* Cuando busca y exige que le cubran sus necesidades, y le den caricias y reconocimiento abundantes por parte de sus padres, de sus amigos, de sus jefes, de sus compañeros, etcétera. Cuando es dependiente de los demás, en particular de sus padres, a quienes se mantiene muy apegado y los considera todavía como el único modelo a seguir.
- *Un adulto que actúa como adolescente.* Cuando todavía busca reafirmar sus valores y su identidad; cuando rechaza o se rebela a los valores y las costumbres de sus padres y a las reglas establecidas en su casa, en su trabajo o en la sociedad; cuando busca, ante todo, la aceptación de los demás para sentirse seguro.
- *Un adulto que se comporta como niño.* Cuando depende en muchos aspectos de los demás y busca reconocimiento y apapacho de todo el mundo.

Caso contrario a los ejemplos anteriores, cuando el adulto se comporta como se espera de él, es decir, como un adulto, es cuando se rige bajo el valor de la palabra *interdependencia,* que implica dar a los demás para recibir de ellos y viceversa. Es cuando busca la intimidad en sus relaciones interpersonales; se entrega a alguien, confía en esa persona y recibe, en correspondencia, su aceptación y su comprensión.

Por lo tanto, cuando existe un retraso en las etapas de desarrollo psicológico del individuo, hablamos de una persona inmadura. Cuando el desarrollo psicológico va de la mano del desarrollo físico, entonces hablamos de una persona madura.

Podemos concluir que, cuando se unen en nosotros una baja autoestima y la inmadurez psicológica, nos volvemos personas inseguras que actúan y se comportan de una de las dos siguientes formas o de las dos, de manera alternativa:

- Sumisa al aceptar nuestra inferioridad ante los demás.
- Hostil al tratar de mostrarnos demasiado fuertes ante los demás para ocultar nuestra debilidad. Dice el dicho: "Dime de qué presumes y te diré de qué adoleces".

Cuando logramos tener una alta autoestima y madurez psicológica nos convertimos en personas seguras de nosotras mismas, contamos con la capacidad de relacionarnos con los demás de manera asertiva y todavía podríamos aspirar a un nivel de madurez superior, al del *adulto completo*, quien se caracteriza por:

- Buscar la seguridad en sí mismo y no en los demás. De esta manera no depende de otros para estar o sentirse bien.
- Tener un dominio total de él mismo que le permite tener el carácter lo bastante fuerte como para dominar su propio temperamento.

- Tener la humildad para reconocer que hay situaciones que no puede cambiar y contar con la capacidad de adaptación para que esos problemas creados por las circunstancias que lo rodean (el clima, el tránsito vial, los políticos, las autoridades gubernamentales, etcétera) o por alguna de sus limitaciones físicas (estatura, complexión, edad avanzada, etcétera), no le afecten y no le representen un problema. Evita quejarse todo el tiempo, como muchas personas lo hacen.
- Contar con una gran apertura y capacidad de cambio; se muestra contento con lo que ha logrado, pero nunca está conforme con ello y busca una superación constante.
- Manifestar una congruencia total con sus principios, convicciones y valores; es decir, hace lo que dice, dice lo que piensa y piensa lo que siente.
- Mostrar su verdadera esencia como ser humano; se abre de capa, manifiesta sus más íntimos sentimientos y deja a un lado los juegos psicológicos que todos jugamos o queremos jugar al interactuar en sociedad: "Yo soy serio", "Yo soy amistoso", "Yo soy justo", "Yo soy el jefe responsable", "Yo soy el padre o la madre, ejemplo para mis hijos", "Yo soy el maestro estricto", "Yo soy el amigo buena onda", etcétera.

Ejemplos de estos comportamientos de un adulto completo serían los siguientes:

Si la persona pierde el empleo que tuvo por más de diez años, lo sentirá mucho y vendrán muchas dudas a su mente sobre su futuro, pero seguirá adelante: buscará y encontrará un nuevo trabajo u otra forma de generar ingresos, en lugar de caer en una depresión prolongada que se manifestará por levantarse tarde, no bañarse, quedarse en pijama y sentarse a ver televisión todo el día.

A veces calificamos a una persona de tener un carácter muy fuerte porque pierde los estribos, grita, manotea e insulta a los demás cuando las cosas no le salen bien. Es capaz de golpear en el aeropuerto a un comentarista deportivo que se ha atrevido a criticar su labor como entrenador del equipo de una selección nacional de futbol. En realidad ésa no es una persona con carácter fuerte, sino una persona muy temperamental. El verdadero carácter fuerte es el que permite dominar el temperamento bajo situaciones de mucha presión.

Si muere un ser querido muy cercano, por ejemplo, su pareja, le dolerá mucho, pero con el tiempo se recuperará de ese golpe para reordenar y continuar con una vida plena, en lugar de pensar que sin esa persona no vale la pena seguir viviendo. En muchos casos, sobre todo entre adultos mayores, esto provoca que el sobreviviente muera apenas unos meses después.

Si el jefe le pide trabajar en su día de descanso, será una persona congruente entre lo que dice, hace, piensa y siente: le dirá a su jefe que no hay problema, ya que pensará que es necesario hacerlo, esto no le molestará y se presentará a trabajar; a diferencia de aquél que le dirá a su jefe que sí lo hará y que hasta prefiere trabajar esos días a quedarse en casa, cuando sus colaboradores han escuchado múltiples veces que le enoja que le pidan trabajar en sus días de descanso porque para él son momentos sagrados que dedica a su familia. Aunque haga lo que dijo, esto no es lo que piensa ni lo que siente.

Un ejemplo contrario a la actuación de un adulto completo sería el del padre que utiliza la autoridad que le confiere su calidad de cabeza de familia para castigar a su hijo de 20 años, quien ha llegado a las cuatro de la madrugada un sábado porque se fue de fiesta con sus amigos, cuando debió llegar a las dos, según lo acordado.

El muchacho entra a la casa, medio borracho, y es increpado de inmediato por su papá.

—Mira nada más cómo llegas, desgraciado. ¿Ya te diste cuenta de qué hora es?

—Pues no, no tengo reloj. ¿Qué hora es?

—Son las cuatro de la madrugada. ¿Por qué no contestabas tu celular?

—Es que se le acabó la batería.

—¿Y por qué no llamaste por otro teléfono?

—Pues no me di cuenta de la hora.

—Eres un irresponsable, un desconsiderado, eres un ca...

—Eso lo serás tú. Además, yo no tengo por qué darte cuenta de mis actos. Soy mayor de edad y puedo hacer lo que se me dé la gana.

—Mientras vivas en esta casa te aguantas porque yo mando aquí. Además soy tu padre y me debes respeto, ca...

—Ya deja de fastidiarme. Me voy a dormir.

—Pero eso sí, te vas a quedar seis meses castigado sin salir a fiestas y olvídate de que te preste mi coche. Pinche borracho.

—Borracho tu abuelo.

La hostilidad del padre despertó la hostilidad del hijo y provocó su resistencia y sublevación. En el fondo, hubo una carga revanchista en el reclamo hacia el hijo porque lo hizo pasar horas de tremenda angustia. La relación se deterioró por el intercambio de insultos, además de que el problema no se resuelvió y es muy probable que se repita.

Veamos ahora al padre, adulto completo, que deja a un lado su autoridad y los regaños para su hijo que llegó dos horas después de lo acordado. Lo primero que hace al oírlo llegar es agradecer que no le haya pasado nada y lo lleva a su cuarto para que se duerma, dado que es evidente que llega en estado de ebriedad.

Al día siguiente, el papá habla con su hijo, quien ya se ha recuperado.

—A ver, *mijo*, quiero hablar contigo. ¿Por qué llegaste a las cuatro de la madrugada si acordamos que llegarías a las dos?

—Es que se me fue el tiempo sin sentir.

—¿Por qué no contestabas tu celular?

—Ah, es que se le acabó la batería.

—¿Y por qué no llamaste por otro teléfono?

—Pues no me di cuenta de la hora.

—Tampoco te diste cuenta de lo que pasamos tu madre y yo. Te llamamos a cada rato durante dos horas sin que nos contestaras. Creímos que te había pasado algo grave. Pensamos lo peor. Tu madre sentía que se moría y yo también. La pasamos muy mal mientras imaginábamos que podíamos perderte. Fueron dos horas de angustia que no se las deseo a nadie. Lo que hiciste fue una desconsideración que nosotros no merecemos. No se vale que nos hagas esto.

—Perdón, perdón, perdón, papá. Discúlpame. No me imaginé que pudiera causarles tanto daño.

El muchacho abraza a su padre y ambos lloran.

—Quiero decirte que te olvides por dos meses de salir los fines de semana con tus amigos. No me pidas el coche durante este tiempo.

—Está bien, papá, y te prometo que esto no vuelve a suceder.

Cuando uno renuncia a la autoridad y deja a un lado el papel de padre o de jefe y muestra su esencia como ser humano, para expresar abiertamente la angustia y la desesperación que experimenta, se mueve la parte emocional de la otra persona y se establece una comunicación empática, capaz de lograr resultados extraordinarios que jamás se lograrían por medio de la razón y menos usando la autoridad.

LA TAREA
(CUARTA PARTE)

Bueno, hablemos de la cuarta parte de la tarea la cual no será muy sencilla, ya que consiste en que hagas una reflexión profunda y sincera para determinar si tienes una autoestima baja o actúas de forma inmadura; sobre todo cuando asumes algunos de los siguientes comportamientos:

- Temer que los demás te vean como eres en realidad.
- Culpar a otros por tus problemas y errores.
- Buscar la aprobación de los demás en todo lo que haces, como si siempre tuvieras la obligación de convencerlos o complacerlos.
- Cambiar tus ideas, gustos y temores por complacer o imitar a los demás.

- Buscar llamar la atención de la gente constantemente; hacer alarde de lo que eres, haces o tienes.
- Buscar el elogio de las demás personas porque eso te hace sentir bien.
- Compararse o competir de manera sistemática con las demás personas.
- Sentirte menos cuando las cosas no salen bien o te equivocas.
- Ponerte incómodo y nervioso con un extraño; por ejemplo, en un elevador o en una sala de espera.
- Tratar de justificarte con pretextos.

A menudo vemos ejemplos de estos comportamientos:

- "Viejo, pídele a tu hermano su coche nuevo para que me lleves a la fiesta de mis amigas del *bridge*. No quiero que vean nuestra carcacha."
- "Es que el menso de mi jefe no me explica las cosas correctamente. Por eso nunca me salen bien."
- "¿Ya vieron qué padre me quedó mi dibujo? ¿Verdad que está muy bonito?"
- "Jefe, terminé a tiempo mi trabajo, ¿eh? Para que vea que soy muy colaborador, mañana yo traigo las galletas para la junta."
- "¿Quién dijo miedo, ca...? Claro que me subo a la montaña rusa" (cuando le tiene pánico a las alturas).
- "No, tía Concha, pero ¿quién le dijo eso? A mí siempre me han gustado mucho los escamoles que usted prepara. Sírvame doble."
- "¿Qué te parece mi vestido nuevo, Gertrudis? ¿A poco no está divino?"

- "No, vieja, el próximo ciclo cambiamos a nuestros hijos a una escuela particular como lo hizo tu hermano. A mí este pin... cuñado no me va a hacer menos."
- "Ah, pero qué... menso soy, ya borré toda la página."

Responde la siguiente pregunta:
¿Tengo una baja autoestima o actúo de forma inmadura?

____
____
____
____
____
____
____
____
____
____
____

Por supuesto, la idea es que trates de evitarlos de hoy en adelante y actúes justo de la forma contraria. Esta tarea también incluye anotar cuáles características de un adulto completo quieres desarrollar.

Enuncia las características de un adulto completo que quieres desarrollar

____
____
____

Patrones de comunicación

Ahora sabemos que al relacionarnos con los demás podemos hacerlo de tres formas: hostil, sumisa y asertiva, y que todo depende de la actitud que asumamos ante la persona que tengamos enfrente. En todo caso, nuestra actitud se manifiesta por medio de la comunicación.

Podemos considerar a la actitud como el fondo de nuestra relación. La forma de esta última es cómo nos comunicamos. En última instancia, en las relaciones interpersonales la forma cuenta tanto como el fondo. No me lo vas a creer, pero hay ocasiones en las que la manera de decir las cosas cuenta más que el mensaje mismo:

—Pero, hija, ¿qué haces aquí en la casa a estas horas de la noche? ¿Volviste a pelearte con tu marido?

—Sí, papá. Es el desgraciado de Baldomero. Fíjate que me dijo que era una desobligada y floja porque no tenía la comida lista cuando él llegó a la casa.

—Pero, *mija*, ¿y nada más por eso que te dijo abandonaste tu casa?

—Bueno, en realidad no fue por lo que me dijo, sino *cómo me lo dijo.*

Entonces debemos tener mucho cuidado con la forma como decimos las cosas. A veces, aunque no queramos amedrentar o poner nerviosos a los demás, aparentamos estar enojados o serios. Otras veces, pese a que no sea nuestra intención, podríamos mostrar debilidad si por costumbre utilizamos algunas formas de comunicación sumisa.

Es por ello que conviene revisar la manera como nos comunicamos. Empecemos por los patrones de trato hostil que solemos utilizar cuando queremos proyectar fuerza o dominio para querer ganar una posición superior a la de nuestro interlocutor. Para lograrlo utilizamos diferentes estrategias de comunicación, por ejemplo:

- Hablamos fuerte, gritamos o empleamos un tono autoritario para amenazar o amedrentar a los demás.

  —Silvano, calla la boca. Nomás eso me faltaba a mí, Cruz Treviño Martínez de la Garza: que mi propio hijo me juzgue.

  —No, *apá*. Usted perdone –contesta Silvano en voz baja.

  (¿Se acuerdan de la película *La oveja negra*, con don Fernando Soler y Pedro Infante, de 1949?)

- Usamos un tono frío de insensibilidad para mostrar que somos muy fuertes ante situaciones emotivas, como un abandono, una pérdida, un asalto, un accidente o la muerte de un familiar o amigo, por ejemplo: "Tenía que ser, vieja. Por andar hablando por el celular con tus amigotas mientras manejabas, chocaste y te fracturaste las costillas. A ver ahora cómo le vamos a hacer para comprar otro coche."

En el ejemplo anterior, al manejar la situación con tal frialdad, el esposo evitó expresar la tristeza, la preocupación o la angustia que sintió por su pareja, se contuvo porque no consideró que esas emociones fueran propias de un hombre que se precie de ser macho.

- Utilizamos un tono burlón para hacer leña del árbol caído y evidenciar la debilidad, torpeza o mala suerte de los demás. Por ejemplo: "¡Qué golpazo te pusiste! Hasta yo lo sentí. No te hagas el fuerte si te dolió –lo dice con tono cantadito–. Quieres llorar".
- Usamos un tono de desprecio para degradar a la otra persona: "Bueno, bueno. ¿Qué se puede esperar a tu edad?", "Viniendo de ti, con razón tuvimos este problema".
- Decimos groserías o palabras ofensivas para lastimar al otro, debilitarlo, intimidarlo o sacar ventaja: "Bájate del coche, hijo de p...", "No seas maricón, pelea como los hombres, ca..."
- Fruncimos el ceño, ponemos una cara muy seria y, sobre todo, miramos directamente a la cara al otro, ya que esto tiene un efecto muy intimidatorio.
- Saludamos con un fuerte apretón de mano y el dorso de la nuestra queda encima del de la otra persona. En cuanto a la postura de nuestro cuerpo, utilizamos formas como las que por instinto usan los niños de primaria cuando en la escuela se enfrentan uno al otro para retarse a una pelea: se paran muy derechitos, levantan un poco la cabeza para poder mirar al contrario de arriba hacia abajo, abren el compás de sus piernas y agitan con

fuerza sus brazos, como si fueran John Wayne en una película de vaqueros.

Revisa el siguiente resumen de los patrones de comunicación hostil con la intención de identificar si tienes la costumbre (inconsciente) de utilizar algunos de ellos y proponerte (conscientemente) evitarlos para no amedrentar a tu interlocutor y provocar su alejamiento:

Lenguaje verbal.

- Hablar con un volumen alto o gritar.
- Utilizar un tono demasiado frío, autoritario, burlón o de desprecio.
- Usar palabras fuertes, altisonantes, groseras u ofensivas.

Lenguaje facial.

- Mantener una expresión muy seria y adusta, con el ceño fruncido.
- Mirar directamente a los ojos de la otra persona.

Lenguaje corporal.

- Presentar una postura retadora, muy derecho, con el compás de las piernas abierto, con la cabeza en alto para mirar a la otra persona de arriba abajo.
- Mover los brazos y las manos con fuerza, *dibujar* líneas rectas en el aire o apuntar hacia la persona con el dedo índice en alto.

- Invadir el espacio vital de la persona, acercarse demasiado.
- Saludar con un fuerte apretón de manos y que el dorso de ésta quede arriba del de la otra persona.

Sigamos ahora con la comunicación sumisa que utilizamos de manera inconsciente cuando estamos frente a alguien que nos impone, nos hace sentir inferiores y quizá hasta nos amedrente.

- Bajamos la voz, usamos un tono temeroso y diminutivos.

—Buenos días, padrinito.
—Buenos días, Tizoc.
—¿Cómo está su merced?
—Muy bien, Tizoc, ¿qué me traes?
—Unas pieles de unos animalitos que cacé allá en el bosque.

- Empezamos a titubear, utilizamos muletillas que revelan nuestro nerviosismo y le damos vueltas al asunto, como si quisiéramos evitar el momento de tratarlo de manera directa. Por ejemplo: "Oye. Este..., este..., no entiendo tu actitud", "Me extraña que, este..., este..., tú hayas actuado ayer como, como, mmmm, mmmm, como muy raro".
- Dudamos, lo cual evidencia nuestra incapacidad para tomar una decisión firme.

—¿Qué pasó, Espiridión? ¿Vas a participar en el proyecto? ¿Sí o no?
—No lo sé, puede ser, tal vez, quizá...

- Utilizamos frases que le restan fuerza o contundencia a nuestras afirmaciones.

—Oye, Modesto, te noto muy serio. ¿Estás enojado por algo?

—Sí, un poco. El comentario que hiciste en la junta estuvo algo fuerte.

—Bueno, entonces, quieres decir que no vale la pena comentarlo.

—No, estoy muy molesto contigo. No te mediste.

—Por fin, ¿sí o no?

- Usamos frases demasiado diplomáticas, como si la otra persona fuera a hacernos un gran favor y como si nosotros no tuviéramos nada que ofrecer: "Buenos días, señorita. Perdone, venía a ver si es posible que me aclarara el monto de mi recibo de luz, porque están cobrándome el doble."
- Saludamos con un apretón débil y el dorso de nuestra mano queda abajo y el de la otra persona arriba. Nos encorvamos como si hiciéramos una leve reverencia ante la otra persona
- Nuestro gesto proyecta timidez o humildad; nuestra mirada evade el rostro del interlocutor y bajamos la vista al piso. Nuestras manos revelan nerviosismo por sus movimientos erráticos o al juntarlas al frente, atrás o dentro de los bolsillos del pantalón; nos balanceamos de derecha a izquierda o de adelante hacia atrás.

Observa el siguiente resumen de los patrones de comunicación sumisos que también debes tratar de evitar porque proyectan debilidad:

Lenguaje verbal.

- Hablar con un volumen bajo, poco audible.
- Utilizar un tono temeroso o titubeante.
- Andarse por las ramas antes de tocar el punto central.
- Usar frases que minimizan nuestras afirmaciones, como: "Sí, me molestó un poco".
- Utilizar frases que muestran nuestra indecisión: "No lo sé, puede ser, tal vez, quizá".
- Emplear frases demasiado diplomáticas que reflejan sumisión: "Señorita, perdone, venía a ver si es posible...", etcétera.

Lenguaje facial.

- Mantener una expresión de mucha humildad, bondad, timidez, etcétera.
- No mirar directo a los ojos de la otra persona, evitar el contacto visual y mirar hacia abajo o hacia los lados.

Lenguaje corporal.

- Presentar una postura encorvada, como si hiciéramos una reverencia ante la otra persona y mostráramos sumisión.
- Moverse con nerviosismo; balancearse de un lado a otro.
- Mantener las manos juntas y apretadas al frente o detrás u ocultas en los bolsillos del pantalón.
- Saludar con suavidad y casi sólo con los dedos y no con toda la mano, con el dorso de la mano por debajo de la mano de la otra persona.

Por último, vayamos a la comunicación asertiva que solemos utilizar cuando estamos frente a alguien de nuestro mismo *nivel,* a quien no le sacaríamos ninguna ventaja y esa persona no obtendría ninguna ventaja de nosotros. Ante estos individuos:

- Usamos una voz audible y con un tono de firmeza.
- Saludamos con un apretón de manos ni muy débil ni muy fuerte. El dorso de nuestra mano queda vertical, al igual que el de la otra persona. Nos paramos derechitos.
- Ponemos un gesto afable (ni muy serio ni muy sonriente); dirigimos nuestra mirada a la parte media de la nariz de nuestro interlocutor.

Es el momento de que revises los patrones de comunicación asertivos que te permitirán establecer un vínculo de confianza y apertura con los demás.

Lenguaje verbal.

- Hablar con un volumen audible, ni demasiado alto ni muy bajo.
- Utilizar un tono de voz que denote firmeza y que refleje seguridad.

Lenguaje facial.

- Mantener una expresión afable (que no sea seria pero tampoco alegre).
- Dirigir la vista a un punto un poco arriba de la punta de la nariz de nuestro interlocutor.

Lenguaje corporal.

- Pararse derechito, con la cabeza en alto.
- Mover con naturalidad los brazos y las manos.
- Saludar con un apretón de manos firme, con el dorso de la mano vertical y paralelo al de la otra persona.

LA TAREA
(QUINTA PARTE)

La quinta y última parte de la tarea consiste en que realices una lista de los patrones de comunicación hostil y sumisa que tienes que evitar y de los patrones de comunicación asertiva que debes practicar de ahora en adelante.

Los patrones de comunicación hostil y sumisa que debo evitar son:	**Los patrones de comunicación asertiva que debo practicar son:**

Con esta tarea se completan todos los elementos para operar los cambios de aquellas actitudes, comportamientos y costumbres no adecuados que afectan tus relaciones con los demás por otros que puedan ser más adecuados y efectivos. Pero ¿cómo llevar a cabo un proceso exitoso de cambio?

Proceso de cambio

Todo comienza cuando identificas un problema o una oportunidad en tu vida. Por ejemplo: un problema como las relaciones interpersonales complicadas o conflictivas y una oportunidad de convertirlas en relaciones sanas, positivas y productivas.

Continúa con la decisión contundente y sin ninguna duda de *voy a cambiar,* como si fuera un decreto que estás seguro de que se va a cumplir, basado en el gran deseo por lograr relaciones interpersonales de alta calidad y facilitar así el logro de tus objetivos de vida.

Luego, debes pasar a la acción: hay que *programar* tu cerebro para dejar de actuar de una manera y sustituirla por otra más adecuada y efectiva.

Para esta programación será necesario retomar tu cuadro de dos columnas. En la columna izquierda anota, de nuevo, todos los comportamientos y patrones de comunicación que debes evitar; es decir, los hostiles y los sumisos que detectaste en la primera, segunda y cuarta parte de la tarea. En la columna de la derecha escribe los comportamientos y los patrones de comunicación asertivos de la cuarta parte.

Debes tener a la mano este cuadro de dos columnas, de preferencia presentado en una sola página, para poder leerlo con la mayor frecuencia posible. Lo ideal es hacerlo a diario o, al menos, tres veces a la semana.

Cuando repases los comportamientos y patrones de comunicación hostiles y sumisos de la columna izquierda que debes evitar, *alertarás* a tu cerebro sobre las conductas que por costumbre haces de manera inconsciente y que ya no quieres tener. Si en el transcurso del día se te presenta una situación que te provoque un comportamiento no deseado, tu cerebro, de manera consciente, te alertará y podrás detener esa reacción.

Por otro lado, cuando repasas los comportamientos y patrones de comunicación asertiva de la columna derecha; es decir, los que quieres integrar a tu manera de ser, si se te presenta la ocasión, tu cerebro te avisará de manera consciente para que reacciones de esa forma. A fuerza de repetir estos nuevos comportamientos empezarás a hacerlos de manera inconsciente.

Al repetir varias veces este proceso por un periodo aproximado de 90 días, tus comportamientos hostiles y sumisos actuales serán sustituidos de manera automática por comportamientos asertivos, hasta convertirse en una costumbre. Con el paso del tiempo, se convertirán en un hábito que ya nadie podrá cambiar.

La asertividad en el trabajo

Después de haber visto los comportamientos típicos que tenemos cuando actuamos con hostilidad, sumisión y asertividad, así como los resultados que podemos esperar de ello, quiero compartir algunas recomendaciones prácticas para aplicar la asertividad en algunos roles específicos que desempeñamos en nuestra vida laboral y familiar. Empecemos por el ambiente en el trabajo.

Con el jefe

Ser asertivo con el jefe, no es tarea fácil. ¿Por qué? Pues nada más y nada menos porque estamos frente a una persona que por lo regular es de mayor de edad que nosotros y porque tiene autoridad y poder de decisión sobre nuestras cargas de trabajo, permisos, aumentos de sueldo, promociones, etcétera. Sin embargo, no es imposible hacerlo. He aquí algunas recomendaciones que debes seguir:

- Asume la responsabilidad de tus errores o de no cumplir con los resultados que se esperan de ti. Evita la tentación de caer en las justificaciones, lamentos y pretextos; por el contrario, intenta decir: "Perdón, jefe, fue mi error, pero voy a tomar medidas inmediatas para corregirlo", "Una disculpa, jefe, por no haber cubierto este mes la cuota de ventas de mi departamento. Asumo la responsabilidad y tomaré las acciones necesarias para recuperarnos".

- Cuando hagas señalamientos o acusaciones de otras áreas o personas, lleva las pruebas que los sustenten o habla de hechos que te consten que son reales: "Jefe, quiero comentarle que el departamento de compras volvió a fallar por segunda vez consecutiva y no nos surtió el pedido de materia prima de esta semana a tiempo. Esto me molesta mucho porque quedamos mal con los clientes. Pienso que para solucionar este problema deberíamos..."
- Cuando expongas problemas, sé directo y breve en las quejas y presenta en seguida las alternativas de solución que lleves preparadas: "Jefe, el hecho de que no me avise los cambios de fechas que acuerda con los clientes provoca que quedemos mal con ellos y me reclamen el incumplimiento. Para evitar esto, le propongo que implementemos un formato para documentar los cambios, ¿qué le parece éste?"
- Dile no al jefe cuando sea lo más conveniente, utilizando frases como: "Me encantaría poder ayudarlo, pero podría descuidar...", "Con gusto lo haré, pero primero debo terminar...", "Me siento muy presionado y temo que, si acepto este asunto, mi rendimiento decaiga".
- Da reconocimiento al jefe sólo cuando se lo merezca, mencionando: "Lo felicito, jefe, por la manera como atendió la queja de este cliente; quedó tan satisfecho que nos hizo un buen pedido".

Con los colaboradores

Ser asertivos con nuestros empleados implica darles un trato de igual a igual, un trato no como un número más, sino como lo que en realidad son: personas importantes para nosotros, tan importantes que gracias a ellas podemos dar resultados a la organización.

Lo anterior permitirá, entre otras cosas, crear en ellas la confianza de acercarse a nosotros y, de esta manera, obtener toda la información que necesitamos para dirigir al equipo de trabajo de manera adecuada. Para ello te recomiendo:

- Procura estar siempre disponible y dispuesto a escucharlos cuando lo soliciten. Si fuera el caso, evita la barrera de escritorio y siéntate a un lado de la persona.
- Muestra empatía cuando manifiesten alguna emoción, ya sea de tristeza, preocupación, depresión, angustia o alegría, felicidad, orgullo, etcétera: "Veo que estás bastante preocupado por...", "Entiendo que debes sentirte muy enojado por..."
- Trata de convencer en lugar de imponer ideas, instrucciones, políticas, procedimientos, etcétera. Cuando impones, te tardas muy poco en transmitir las órdenes, pero te toma mucho tiempo que los subordinados cumplan con algo que no entendieron o con lo que no estuvieron de acuerdo. Cuando destinas tiempo para explicar lo que quieres que hagan los colaboradores y les preguntas si tienen dudas u objeciones y las resuelves, el tiempo para concretar resultados será mucho más corto.
- Intenta estar abierto a desacuerdos, quejas, opiniones y sugerencias de los colaboradores; es preciso escuchar

y expresar cuando estés de acuerdo y cuando no lo estés: "Estoy de acuerdo con lo que dices" o "Ya te escuché y no estoy de acuerdo con lo que dices", "Tienes razón en quejarte sobre..." o "Ya te escuché y considero que no procede tu queja", "Me parece una buena idea y vamos a probarla" o "Voy a explicarte mis razones por las que considero que tu sugerencia no funcionaría".

- Dales retroalimentación sobre su desempeño, en forma constante y con una filosofía de aprendizaje y mejora continua; evita las ambigüedades, los titubeos, las indirectas y los sarcasmos: "Oye, Toribio, ésa no es la forma de contestarle a un cliente. Recuerda que debes decirle que lo entiendes pero no puedes ayudarlo".
- Señala sus faltas y errores con firmeza, procurando que cuando lo hagas sea en el lugar y el momento adecuado. Maneja los errores de los colaboradores como una oportunidad de aprendizaje, por ejemplo: "El hecho de que hayas olvidado las llaves me molesta mucho porque no es la primera vez y provocas retrasos en tus compañeros. Por favor, que nunca más se repita".
- Otórgales reconocimiento por todos los logros que alcancen, por pequeños que sean; mostrar tu sentimiento: "Te felicito sinceramente por el proyecto que presentaste y que nos hará obtener ahorros significativos. Estoy orgulloso de ti".
- Discúlpate con los colaboradores con sinceridad cuando cometas un error que les haya perjudicado: "Perdón, muchachos. Olvidé avisarles que la junta de hoy se pospuso para la próxima semana. Yo sé que los hice llegar más temprano inútilmente. Pondré más atención la próxima vez".

Con los compañeros

Imaginemos a un grupo de trabajo donde unos no le dirijan la palabra a otros, donde proliferen los chismes, las acusaciones, los sabotajes mutuos, las burlas, las envidias o las críticas destructivas. Sería, como dirían ahora, *the worst place to work*, el peor lugar para trabajar, ¿no es cierto?

Ser asertivos con nuestros compañeros es un requisito indispensable para crear un ambiente agradable y solidario entre el equipo que vale la pena fomentar, ya que pasamos más tiempo con ellos que con cualquier miembro de la familia (si restamos el tiempo que dormimos). En una de ésas, hasta podríamos ser incluidos en la lista de empresas *Great place to work*, bueno, eso digo yo. Para aplicar la asertividad con ellos, te sugiero:

- Muestra gusto al encontrar y saludar a un compañero; utilizar un tono de comunicación amigable.
- Escúchalos cuando lo necesiten y muestra empatía cuando expresen alguna emoción: "Te noto algo diferente, ¿te sucede algo?", "Te noto distinto, ¿hice algo que te molestara?", "Te veo como triste, ¿puedo ayudarte en algo?"
- Interésate más por sus actividades, intereses o preocupaciones personales, familiares, sociales, etcétera, y comparte con ellos tu información al respecto; aprovecha la hora de la comida o los descansos.
- Dales reconocimiento cuando lo merezcan. Felicítalos el día de su cumpleaños.
- Solicita su ayuda cuando alguna situación lo requiera o cuando surja algún problema que ponga en riesgo la relación con algún cliente.

- Sé sincero cuando la conducta de un compañero te parezca inaceptable; plantéale de manera directa lo que te molesta, el sentimiento que te produce y la consecuencia que te provoca; solicita su ayuda para resolver la diferencia. Por ejemplo, dile: "El hecho de que tomes mi calculadora sin pedirme permiso me molesta mucho, ya que, cuando la necesito, pierdo tiempo en buscarla. Te pido que no vuelvas a hacerlo."

Con los clientes

El diálogo con los clientes es muy importante para establecer con claridad sus requerimientos y para poder negociarlos de forma adecuada. De esto depende que podamos entregarle un producto o servicio que satisfaga sus necesidades. Para lograr los mejores resultados, es conveniente que tu comunicación con el cliente sea asertiva, es decir:

- Hazle, sin ninguna clase de vergüenza o temor, todas las preguntas necesarias para que sus requerimientos te queden claros y completos; formula preguntas que incluyan las palabras: qué, para qué, cómo, cuánto, cuándo, dónde y quién(es): "Para entender mejor su requerimiento y no fallarle, necesito hacerle las siguientes preguntas".
- Negocia con él lo que te pida cuando no tengas los recursos para cubrir sus requerimientos: "Qué pena, pero no puedo entregarle su auto mañana porque no pude conseguir la refacción a tiempo. Lo que podemos hacer es que le ponga una refacción provisional y me lo traiga la próxima semana para instalarle la nueva. ¿Qué le parece?"

- No dudes en volverle a preguntar en caso de duda: "Perdón, no le entendí. ¿Podría volver a explicármelo porque no quiero quedarle mal?"
- Renegocia condiciones cuando se te presenten contratiempos para cumplir con lo acordado: "Don Fabián, me da pena decirle que no podré entregarle su auto mañana porque hasta el lunes consigo la refacción. ¿Está bien si se lo entrego el martes?"
- No recurras a los pretextos para no cumplirle al cliente al 100% lo acordado. Es preferible, en su caso, que le digas: "Me da mucha pena decirle que no tengo listo su auto como se lo prometí y que se haya dado la vuelta en balde. No hemos encontrado la falla que tiene. Le pido que me disculpe por no haberle llamado antes. Seguiremos trabajando y prefiero llamarle cuando hayamos resuelto el problema".

Con los proveedores

Cuando el producto o servicio no cubre nuestras necesidades o expectativas, nos vemos ante la situación de presentar una queja y la solicitud de la devolución o la solución al problema que se generó.

Aunque tenemos toda la libertad de hacerlo, muchas veces nos cuesta trabajo reclamar nuestros derechos y preferimos callarnos o guardar en el armario el aparato descompuesto, con un sinnúmero de pretextos:

- "Mejor ya no le muevas, Trino. Tomaría mucho tiempo la reclamación."

- "Hasta eso no es tan grave el defecto, se puede disimular si te pones un suéter, vieja."
- "Deja, Elpidia, yo mismo puedo repararlo."
- "Olvídalo, mujer. La verdad no quiero pasar un rato desagradable. Ya ves cómo son de desgraciados y antipáticos en esta tienda."
- "No, hombre. Yo me conozco y si voy a reclamarle el pésimo servicio que recibimos, acabaría por pelearme y romperle la cara al mesero."

Los pretextos son muchos, pero en el fondo existe en nosotros una resistencia a enfrentar al proveedor, como si le tuviéramos miedo. En otros casos, a lo que le tememos es a nuestra falta de capacidad para negociar de manera positiva.

He visto decenas de reclamos muy mal manejados y que terminan sin lograr el objetivo de que el proveedor resuelva la queja.

En el departamento de caballeros de una tienda departamental:

—Señorita, vengo a cambiar esta corbata.

—¿Por qué quiere cambiarla?

—Porque no me gustó.

—¿Y por qué la compró?

—No la compré. Me la regalaron.

—¿Quién se la regaló?

—Alguien con pésimo gusto, ¿qué importa?

—¿Trae la nota de compra?

—Ay, señorita, si será... ¿Cómo se le ocurre pedirme la nota si ya le dije que fue un regalo?

—Pues no puedo cambiársela si no trae la nota.

—¿Cómo es posible que una tienda seria tenga este tipo de vendedoras? Dígame, ¿dónde está su jefe?

—¿Qué cree? Salió a comer y se tarda muchísimo en regresar.

La asertividad va a ayudarnos a ser efectivos cuando necesitamos defender nuestros derechos. Para ello debes tomar en cuenta las siguientes estrategias:

- Guarda la calma. No es necesario que seas hostil para que te hagan caso. Necesitas ser inteligente y asertivo.
- Busca a la persona con autoridad suficiente para autorizar la solución. Por lo general un jefe o un gerente, pero casi nunca podrás negociar con el empleado o con el vendedor.
- Inicia la conversación con la frase: "Usted puede ayudarme" y explica con claridad el problema.
- Escucha con atención la respuesta, ya que ahí estarán los mejores argumentos para contrarrestar las propuestas que no te convengan.
- Presiona cuando te pongan pretextos u obstáculos. Menciona con firmeza que recurrirás a otras instancias o medidas.
- Negocia una solución satisfactoria para ambas partes.

Con la aplicación de estos consejos, la situación podría cambiar:

En el departamento de caballeros de una tienda departamental:

—Señorita, vengo a cambiar esta corbata.

—¿Por qué quiere cambiarla?

—Porque no me gustó.

—¿Y por qué la compró?

—No la compré. Me la regalaron.

—¿Trae la nota de compra?

—No, señorita, porque fue un regalo.

—Pues no puedo cambiársela si no trae la nota.

—Ah, entiendo. Oiga, señorita, usted puede ayudarme. ¿Dónde está su jefe?

—Está al fondo del pasillo. Es el señor con traje azul.

Si usamos la asertividad y tenemos confianza en nuestra capacidad de negociación podremos lograr resultados favorables, incluso en los casos que muchos consideran perdidos (lo digo por experiencia propia), por ejemplo:

- Reclamar el robo de unos lentes de sol que dejamos dentro del coche en un estacionamiento que tiene un letrero que dice: "No nos hacemos responsables por la pérdida de objetos dejados en su automóvil".
- Que nos cambien una mercancía comprada el mes anterior, aunque el letrero de la tienda diga: "No se aceptan reclamaciones de meses anteriores".
- Reclamar una indemnización al Gobierno de la ciudad por los daños mayores a nuestro auto que cayó en un bache en la calle, que no fue reparado por la autoridad.

La asertividad en la familia

Con la pareja

Si te preguntara qué representa para ti tu pareja, seguramente me darías respuestas sensacionales: "Es lo máximo", "Es mi vida entera", "Es mi razón de ser", "No sería nada sin ella", etcétera. Sin embargo, en la vida diaria, la convivencia continua nos hace darle un trato de segunda.

Para una persona tan importante como tu pareja, es vital que utilices la asertividad con las siguientes recomendaciones:

- Comprende y acepta a tu pareja tal como es: su manera de reaccionar, de pensar, de sentir, sus valores, sus intereses y su estado de ánimo como una muestra mínima de respeto. Debes evitar:

  —Pero *mija*, ese novio no te conviene. Mira que gustarle todos los discos de Los Tigres de Norte.

  —No importa, mamá. Cuando estemos casados, yo me encargo de cambiar esos gustos tan nacos que tiene y convertirlo en un caballero de la alta sociedad.

- Hazla sentir una persona importante. Evita un trato de segunda provocado por la rutina o porque *es de la casa.*

—Oye, Hipólito, mi amor, ¿vas a quedarte en *pants* todo el día?

—Pues sí. ¿No te das cuenta de que hoy es domingo y no va a venir nadie?

—¿Y yo quién soy? ¿Nadie?

—Ay, vieja. Si tú eres parte de la casa. Por cierto, ¿qué vas a hacer de comer?

—Hoy no voy a preparar nada. Voy a recalentar lo que sobró de la semana.

—Pero ¿por qué no cocinas algo rico? De esos platillos que sólo tú sabes hacer.

—¿Para qué me esmero si no va a venir nadie?

- Procura estar siempre abierto a escuchar a tu pareja cuando lo necesite y muestra empatía cuando manifieste alguna emoción. Debes evitar:

—Oye, Trino, me preocupa mucho Inocencia. Nuestra hija está entrando a la edad de las tentaciones.

—Luego hablamos que ya va a empezar el partido de Chivas.

—Pero, viejo, estoy muy preocupada porque la niña ya no me platica nada y sale con muchachos que no me dan confianza. Un día de éstos nos puede salir con su domingo siete.

—Ay, Angustias. No seas exagerada. No pasa nada. Tú, ¿a quién le vas?

- Antes de que emitas juicios sobre los comportamientos de tu pareja, por inaceptables que parezcan, dale la oportunidad de que exprese sus motivos y sus circunstancias. Debes evitar:

—Oye, Regina, quedamos en que hoy vendría a comer a la casa a las dos de la tarde, contigo y con los niños, y que sólo tenía una hora para hacerlo. Veo que no has hecho nada, la mesa no está puesta y la comida no está lista. Eres una vieja fodonga que se la pasa todo el día viendo telenovelas.

—Discúlpame, viejo, pero tuve que llevar a Joelito al hospital.

—Y tú, Joel, ¿por qué empezaste a comer?

—Es que el niño no desayunó.

—¡Joel, no sorbas la comida! Pareces un cerdo.

—Es que se rompió los dos dientes delanteros, el pobrecito.

—¿Y quién dejó entrar al perro en la casa? ¡Fuera de aquí, pinche perro!

—Perdón, Ardelio. Yo lo dejé entrar porque era el único que tranquilizaba el llanto del niño.

- No acumules cuentas por cobrar. Conocí el caso de una señora que anotaba en una libreta todo lo malo que le hacía su esposo, para leérselo a sus hijos cuando fueran grandes.
- Discúlpate con sinceridad si has cometido un error; lo cual no te hará perder ninguna autoridad con tu pareja. Por el contario, ganarás autoridad moral: "Perdón, mi

amor, tienes razón en lo que me dices. Discúlpame. Trataré de corregir mi error".

- Presta atención a los detalles, se cortés e impresiona con pequeñas sorpresas. Muchas veces la clave está en los detalles que tengas con tu pareja, por simples que sean. Si eres hombre, sé un poco *amante a la antigua*, de ésos que todavía suelen mandar flores, como diría Roberto Carlos, el cantautor brasileño.

Con los hijos

Una de las funciones más importantes como padres de familia es orientar a nuestros hijos por el camino que consideramos correcto. Está en nuestras manos nada más y nada menos que la formación de un ser humano para que llegue a ser una persona de bien, en su propio beneficio y de la sociedad en la que se desenvolverá. En realidad, no conozco una responsabilidad mayor que podamos tener en la vida. Es por ello que no podemos darnos el lujo de fallar en este compromiso que más bien es una misión de vida.

Sin embargo, los padres tenemos ciertas costumbres heredadas y muchas otras culturales que no ayudan a cumplir nuestro cometido y, a veces, hasta pueden ir en sentido contrario. Te comento algunas de ellas.

En nuestro intento de perpetuarnos en este planeta, buscamos diferentes formas de trascender. Una de ellas es por medio de nuestros hijos, lo cual me parece muy válido, pero podemos exagerar cuando: "Mi hijo se va a llamar Ruperto, como yo, va a ser una estrella del futbol como su padre y estudiará contabilidad pública para que herede mi despacho".

O sea, queremos convertir a nuestro hijo o hija en un clon nuestro, sin respetar su individualidad y su derecho a elegir su propia vida.

Nuestras múltiples ocupaciones de trabajo, familiares, sociales y de entretenimiento (redes sociales, correos electrónicos, videojuegos, películas en Netflix, etcétera) hacen que no dediquemos el tiempo que requieren nuestros hijos. Algunas veces delegamos a terceros la atención de éstos; por ejemplo, maestros de natación, karate, *ballet* o los choferes y las nanas que pasan más tiempo con ellos que nosotros, sus propios padres.

Conocí el caso de unos padres muy preocupados porque su pequeño hijo de tres años de pronto empezó a emitir sonidos raros para tratar de comunicarse con ellos. Al llevarlo al psicólogo, éste estudió el caso y concluyó que el niño no emitía ruidos, sino que hablaba en náhuatl, dialecto con el que se comunicaban entre sí las trabajadoras domésticas que lo cuidaban en su casa y con quienes el niño convivía la mayor parte del tiempo.

La verdad es que nos cuesta mucho trabajo disculparnos si un error nuestro afecta a otra persona. Quizá no tanto como cuando se trata de disculparnos con el jefe, que aunque el error lo haya cometido él mismo le decimos: "Sí, jefe, yo la regué. Perdón, perdón. Si quiere, pégueme" (es broma).

Con quienes más trabajo nos cuesta disculparnos es con personas de menor nivel que nosotros, como con un subordinado, un alumno y en este caso, con nuestros hijos.

—Ay, mi amor, qué bueno que llegaste. ¿Qué crees? El niño todavía no ha hecho su tarea ni se ha bañado. ¡No me obedece!

—Ven acá, Kiko. ¡Toma! –le da un tremendo coscorrón en la cabeza al niño, quien se va a un rincón y empieza a llorar.

—No, viejo. No seas bruto. Kiko no fue, el que no me quiere obedecer es Sidronio.

Y el papá, en lugar de disculparse, le dice a su hijo:

—Ya, Kiko, no llores. Si no te pegué tan fuerte. Deja de llorar y mañana te traigo una paleta payaso.

Otra situación que resulta muy incómoda, quizá más para los papás que para las mamás, es felicitar a los hijos. Por ejemplo:

—Hola, mi amor, ¿cómo te fue en el trabajo?

—*Maso.*

—¿Qué es eso de *maso*?

—Pues, más o menos.

—¿Qué crees? Te tengo una buena noticia: Goyito sacó siete en matemáticas, después de haber reprobado los tres meses anteriores.

—Vaya. Hasta que hizo algo bueno.

—Pero ¿no te da gusto? Realmente hizo un gran esfuerzo. Felicítalo.

—¿Quién, yoooo?

—Sí, tú. Eres su papá. Va a darle mucho gusto.

—Mejor felicítalo tú de mi parte.

—No, ¿cómo crees? Mira, aquí viene.

—Papá, papá. Estoy muy contento: ¡aprobé mi examen de matemáticas!

Y desde el fondo de su corazón, visiblemente emocionado, el padre le dice a su hijo:

—Bueno, este... mmm, ¿qué quieres que te regale, Goyito?

Otro ejemplo, es el del padre que golpea y castiga a su hijo porque rompió el jarrón que trajo la abuelita de su viaje a China. Lo hace muy enojado y con una fuerte dosis de revanchismo: "¡Toma, escuincle baboso! Mira lo que hiciste. Ahora, de castigo, te quedas sin comer y no ves la televisión en un mes, para que se te quite lo..."

Ahora, déjame contarte la historia de Kevin. ¿Por qué le pusieron Kevin al niño si es mexicano? Ah, pues muy sencillo: porque nació a finales de los años ochenta, cuando se transmitía la exitosa serie de televisión *Los años maravillosos,* cuyo personaje principal era un niño de 13 años llamado Kevin Arnold.

Los padres de Kevin (el mexicano), como la mayoría, están atentos a satisfacer todas las necesidades y requerimientos del pequeño; le permiten hacer todo lo que se le ocurra, sin límite.

Kevin, como todo bebé, empieza a actuar en sus primeros meses de vida de acuerdo con sus instintos naturales, los cuales no incluyen ninguna regla de tipo social. Por tanto, el niño no tarda en escandalizar a sus padres y familiares cuando, en la fiesta de su segundo cumpleaños, se come el pastel con las manos y no con una cuchara; a los tres años grita a todo pulmón cuando se siente estresado a la mitad de la misa en la iglesia; a los cinco años exige salir desnudo de compras al supermercado en un día de intenso calor, etcétera.

Cuando Kevin llega a la adolescencia, se siente, como la mayoría de los jóvenes, poseedor de cuatro virtudes: infalible, invencible, inmortal e infértil. Esto lo hace actuar de manera irresponsable, provoca graves y costosos errores, participa en peleas que pierde lastimosamente, maneja su auto a exceso de velocidad porque piensa que a él no le va a pasar nada y experimenta relaciones sexuales sin protección.

Las consecuencias de todas las conductas de Kevin, como es obvio, terminan por perjudicarlo a él, a sus padres y, muy probablemente, a terceros que ni la debían ni la temían. Todo porque sus papás no quisieron pagar el *costo* de educar a su hijo como se debía.

No obstante, a pesar de todas las costumbres que podamos tener, la asertividad nos ayudará a cumplir de una mejor manera nuestras responsabilidades de padres y, además, conseguir los resultados que esperamos de nuestros hijos. Para ello, conviene que tomes en cuenta las siguientes recomendaciones:

- Comprende y acepta a tus hijos tal como son, aunque sean diferentes a ti.
- Dales tiempo en cantidad y calidad para compartir con ellos y trata de estar siempre disponible y abierto a escucharlos cuando lo necesiten; muestra empatía cuando manifiesten alguna emoción.
- Discúlpate de forma sincera con ellos si cometes un error que los afecte.
- Reconóceles todo comportamiento positivo, por pequeño que parezca.
- Establece con claridad los límites y las consecuencias de no cumplirlos. Es mejor hablar de éstas que de castigos, los cuales siempre llevan una carga de revanchismo. Con las consecuencias, les quedará claro que por cada acción equivocada que cometan, deben asumir los resultados.

- Antes de que los castigues por algo que hicieron mal, pregúntales: "¿Qué pasó?, ¿por qué actuaste así?" Te sorprenderá cuántas veces las apariencias engañan.
- Cumple a cabalidad el castigo por las consecuencias de sus actos y no caigas en el juego o en los chantajes que ellos utilicen para presionarte.
- Demuéstrales cuánto los amas en todo momento, incluso cuando tengas que reprenderlos. Por ejemplo: "Hijo, sabes que te quiero mucho, pero no te voy a dejar ir a la fiesta de tu amigo por lo que hiciste".

Las últimas recomendaciones no son tareas agradables porque implican ir en contra de la voluntad natural del niño y del joven. Quizá por ello, son muchos los padres que las evitan y otros lo hacen porque no están conscientes de esta responsabilidad.

Por ello, espero que estos consejos te sean de utilidad para facilitar el cumplimiento de tus metas y objetivos en este rol de vida tan significativo, si no es que el más importante de todos: el de ser padre o madre.

Después de haber desarrollado todos estos capítulos, es el momento de sacar algunas conclusiones que permitan sintetizar lo que hemos visto hasta el momento con el objetivo de poder entrar a las metodologías para resolver conflictos interpersonales. Recuerda que lo más importante es que te permitas clarificar la forma de aplicar estos aprendizajes a tu vida cotidiana:

- Que en esta vida solamente existen dos posiciones que puedes tomar al momento de relacionarte con otras personas:

eres asertivo o no eres asertivo (hostil y sumiso), y que desde pequeño has optado por alguna de estas posturas de manera inconsciente.

- Que tu forma de relacionarte con los demás ha estado determinada por varios factores:

  · *Genéticos.* Tu particular manera de procesamiento cerebral, la cual te hace ser más instintivo, más emotivo o más racional y, en consecuencia, tender a comportamientos hostiles, sumisos o asertivos, respectivamente.
  · *Culturales.* La información que has recibido desde niño por parte de tus padres, hermanos, familiares, amigos, compañeros y maestros, por las canciones populares, las películas de cine, las series y novelas de la televisión y cualquier producto cultural, que te enseñan la manera más *adecuada* de relacionarte con los demás, la cual suele ser aceptada por la mayoría de los miembros de la sociedad.
  · *Propios.* La percepción que tienes de ti en relación con si te sientes más, menos o igual que la persona que tienes enfrente. Esta percepción está basada en tu madurez psicológica y en tu autoestima.

- Que si los comportamientos y actitudes no asertivos, correspondientes a la hostilidad y a la sumisión, no reportan buenos resultados, debes tratar de evitarlos de ahora en adelante.
- Que las actitudes y los comportamientos asertivos son los que te llevan a establecer relaciones sanas, productivas y de largo plazo con los demás, por lo cual debes elaborar

un plan para integrarlos a tu manera de relacionarte con otras personas.

Para aplicar estos aprendizajes, te recuerdo que debes llevar a cabo las siguientes acciones:

- Reflexiona honestamente sobre cuál es la posición que has adoptado al relacionarte con los demás, identificando los comportamientos y actitudes que asumes con ellos. Lo más probable es que tengas las tres posibilidades. Entonces, debes ubicar con quiénes eres hostil, con quiénes eres sumiso y con quiénes eres asertivo, así como las circunstancias particulares de cada caso.
- Piensa con seguridad que puedes operar cambios significativos en la forma de relacionarte con los demás, sin importar si eres más instintivo, más emotivo o más racional. Tampoco debe importarte lo que has aprendido de esta cultura; en particular cuando favorece conductas machistas o sumisas. Rompe esos paradigmas.
- Si tu madurez y autoestima están en un nivel bajo, trabaja para dejar de actuar como un adolescente o un niño y para reconocer todas tus virtudes, con el fin de valorarte más y reforzar la seguridad en ti mismo. Si es necesario, busca la ayuda de un conocido o de un profesional.
- Elabora una lista con las recomendaciones de asertividad que piensas llevar a cabo con tus jefes, colaboradores, compañeros, etcétera, así como con tu pareja y tus hijos, que puedas consultar con frecuencia para asegurar su aplicación en tu vida.
- Traza dos columnas en una hoja. Del lado izquierdo haz una lista de los comportamientos, actitudes y patrones

de comunicación no asertivos de hostilidad y sumisión que quieres dejar de hacer de ahora en adelante. Del lado derecho anota los comportamientos, actitudes y patrones de comunicación asertivos para integrarlos a tu manera de relacionarte con las demás personas. De ser posible, debes leer esta hojita todos los días con la intención de programar tu cerebro para que detenga una reacción hostil o sumisa y así se pueda sustituir por un comportamiento asertivo.

Por último, te recuerdo que lo que hemos revisado y aprendido hasta el momento tiene un impacto muy importante en nuestras vidas, ya que del tipo de relaciones que establezcamos con los demás dependerá si nos colocamos del lado de los perdedores o de los triunfadores.

Los perdedores son los ven dos o más problemas en cada situación, se vuelven parte de éste, se quedan callados, no defienden sus derechos y esperan a que las cosas sucedan; por tanto, al hacer lo que casi todo el mundo hace son *seres ordinarios.*

Los triunfadores son los que ven dos o más oportunidades en cada problema, se vuelven parte de la solución, expresan lo que piensan y lo que sienten, defienden sus derechos y hacen que las cosas sucedan; por lo cual, al hacer lo que muy pocos hacen son *seres extraordinarios.*

Manejo de conflictos con los demás

Se dice que los seres humanos somos sociables por naturaleza. Otra manera de verlo es que los seres humanos somos sociables por necesidad, ya que todos requerimos de otras personas para satisfacer no sólo nuestras necesidades materiales, sino también las sociales para intercambiar conocimientos, vivencias, experiencias, opiniones, creencias, etcétera, y también para compartir sentimientos.

A pesar de que todos necesitamos de todos para sobrevivir, las relaciones entre los individuos y entre las naciones (como diría Benito Juárez) tienden a ser complicadas y, muchas veces, conflictivas. No conozco a ninguna persona que en su sano juicio busque tener malas relaciones con los demás; por el contrario, la mayoría tenemos las mejores intenciones de llevar una buena relación con nuestra pareja, hijos, padres, hermanos, amigos, vecinos, clientes, proveedores, jefes, colegas, colaboradores y todos los demás, pero al final del día los resultados son desacuerdos, confrontaciones, rompimientos, agresiones, etcétera. ¿Por qué, por qué, por qué? Adivina.

Habrá muchas respuestas, pero todas confluirán en una premisa: todos los seres humanos somos diferentes. ¿Diferentes en qué? Empecemos por las diferencias físicas, como la raza, el color, la complexión, estatura, etcétera, y continuemos por las diferencias económicas y sociales, grado escolar, nivel cultural, tipo de educación, etcétera. Habría que agregar las diferencias en gustos, intereses y valores y, por último, los distintos tipos de percepción y procesamiento cerebral. Ejemplos de lo anterior sobran.

- Prejuicios por la apariencia de las personas:

"Lucrecia, hija mía, ¿cómo quieres que esté de acuerdo con ese novio que tienes? Está chaparro, gordo, prieto y feo".

- Prejuicios por su situación económica y social:

—Federico, hijo mío, hazme caso: no te juntes con esta chusma, son unos pobretones, ignorantes, mal educados y nacos.

—Sí, mami. Chusma, chusma, chusma.

- Diferencias en gustos e intereses:

La señora le pide a su esposo que la lleve al cine un sábado por la tarde:

—Zenaido, mi vida, vamos al cine. Quiero ver la película de Richard Gere. La del perrito que todas las tardes lo espera en la estación de ferrocarril.

—No manches, Casilda. Ésas son cursilerías. Vamos a ver esa película de narcos donde sale El Chochiloco. Ésa de *El infierno*.

—Ni loca. Ésas son unas salvajadas. Estás mal de la cabeza, Zenaido.

- Diferencias en valores:

El matrimonio debe tomar una decisión sobre el futuro de su pequeña hija de dos años:

—Mi amor, es hora de pensar a qué colegio vamos a mandar a Loretito.

—Pues a la Benito Juárez. Acuérdate que la mejor escuela es la que está más cerca de casa.

—Ni loca. Mi hija no va a mezclarse con la prole. Además, esa escuela es mixta, nada propia para una señorita.

—Oye, Loreto, no seas clasista. Aparte de que está cerca, ya averigüé y la escuela está clasificada como una de las mejores de la ciudad.

—Olvídalo. Mi hija tiene que ir a una escuela de monjitas para que reciba una educación como Dios manda.

- Diferencias entre quienes son más visuales, más auditivos o más sensoriales:

Veamos qué sucede con una esposa (muy visual) que ha dedicado toda la mañana a limpiar y arreglar meticulosamente su casa, cuando su esposo (muy sensorial) llega a casa después de un arduo día de trabajo:

—Ése es el coche de Tadeo. Voy a subir a arreglarme un poco.

—Ya llegue, vieja, ¿dónde estás?

—Aquí arriba. Ahorita bajo.

Mientras su esposa baja, Tadeo se quita el saco, la corbata y los zapatos y los avienta por todas partes. Saca una lata de cerveza del refrigerador, se sienta en el sofá frente al televisor y pone su cerveza sobre la mesa de centro. Cuando su esposa llega a la sala, casi le da un infarto.

—Mira nada más, animal. Ya ensuciaste la mesa que acabo de encerar. ¡Pero qué cochino eres! Mira toda tu ropa tirada en el suelo. Y baja las patas de la mesa.

—¿Qué te pasa, Remigia? ¿Por qué me estás hablando así? ¿Es la menopausia?

•

Ahora, veamos el caso de una mujer muy sensorial y su esposo, quien no lo es.

—Vente, Laureano, que ya va a empezar la comedia que tanto nos gusta ver.

—Gracias, Paz, ¿te acuerdas en qué se quedó ayer?

—Pero ¿por qué te sientas allá, Laureano?, ¿te molesta sentarte junto a mí?

—No, vieja, lo que sucede es que este sillón es muy cómodo. Pero no pasa nada, voy para allá.

—Acércate, Laureano, dime ¿por qué te sientas tan lejos de mí?

—Está bien, Paz, me acerco.

—Pero abrázame, Laureano. Lo que pasa es que ya no me quieres.

- Diferencias entre quienes son más fríos, más emotivos o más racionales:

Veamos lo que pasa con los siguientes papás cuando llevan al jardín de niños a su hijo de tres años de edad, en su primer día de clases:

—¿Qué te pasa, vieja? ¿Por qué lloras?

—Cómo que por qué. ¿Qué no viste que el pobre Emilito no quería quedarse en la escuela?

—¿Y por eso el llanto?

—Pues sí. Así es como los hijos empiezan a abandonar a sus padres.

—Bájale. No seas exagerada.

—Lo que pasa es que tú no tienes corazón.

Total que, con tantas diferencias, parece un hecho inevitable la presencia de conflictos entre las personas. Pero ¿estamos condenados a tener siempre relaciones tormentosas con los demás? Pues sí, a menos que... Preguntarás con desesperación: "¿Qué, qué?" Pues que apliques la fórmula que quiero proponerte para llevarte bien con todo el mundo; sí, con todo tipo de personas:

Aceptar las diferencias + Capacidad de diálogo = Buenas relaciones

En primer lugar, hay que entender y aceptar las diferencias que existan entre nosotros y los demás. A partir de ahora, después de haber enumerado casi todas las diferencias posibles entre los seres humanos, yo esperaría que, después de haber leído el presente libro, no pretendas jamás que los demás piensen, sientan, perciban el mundo o reaccionen igual que tú; que les guste, les interese o valoren lo mismo que tú.

En segundo lugar, hay que tener la capacidad de diálogo para resolver esas diferencias. Un dialogo basado en la equidad, en la justicia y en el respeto que permita negociar una solución positiva a esas diferencias, bajo la filosofía de *nadie pierde o todos ganan*. Para esto será de mucha ayuda la metodología que vamos a desarrollar en los dos últimos capítulos del libro.

¿Por qué es importante que nos convirtamos en unos expertos en el manejo de conflictos? Como supervisor, jefe, gerente o director de un grupo de trabajo, es necesario evitar o disminuir todo tipo de conflictos interpersonales en nuestro equipo, ya que traen como consecuencia una baja en la productividad.

De igual manera, en los demás roles de vida (social, familiar y de pareja) es necesario mantener un ambiente libre de conflictos, porque mientras éstos existan nuestra vida puede volverse desagradable o hasta tormentosa, y el objetivo de una convivencia sana y armónica que permita alcanzar los resultados que buscamos en esa relación se verá frustrado.

La armonía y la productividad se ven afectadas por los conflictos que puedan surgir entre nosotros y los demás, pero también resultan perjudiciales los desacuerdos que nuestros colaboradores puedan tener con otras personas. Entonces, una de nuestras tareas más relevantes, en especial cuando ocupamos una posición de liderazgo, es ayudar a nuestros empleados, papás, hermanos, pareja, hijos, familiares y amigos a resolver sus problemas.

Empecemos con la metodología para ayudar a resolver los problemas de los demás. Antes que otra cosa, permíteme notificarte que debes cumplir con una premisa fundamental: *no involucrarte ni apropiarte del problema del otro.*

En efecto, es indispensable respetar la propiedad del problema en todos los casos. El conflicto le pertenece a la otra persona y, por muy cercana y querida que sea para nosotros, debemos dejar que la solución sea decidida e implementada por ella; en especial si queremos que esa persona crezca como ser independiente.

¿Cómo es que llegamos a involucramos en el problema del otro? Una manera directa de hacerlo es tomar una acción para resolverlo. Veamos cómo ejemplo el caso de *La muñeca fea.*

—¿Qué te pasa, hermanita? No has probado bocado de tu cena.

—Ay, Froilán, estoy muy triste porque este sábado es el baile de fin de cursos de la secundaria y ninguno de mis compañeros me ha invitado a acompañarlo. Yo sí quiero ir, quiero ir, quiero ir.

—Ya, ya. Pero no llores, Teodora, por favor. Mira, no te preocupes: si quieres, yo te llevo.

—¿De veras, Froy?

—Clarines, hermanita. Yo hago cualquier cosa por ti.

Ese sábado, los hermanos llegan a la fiesta y se sientan alrededor de una pequeña mesa. Sin embargo, 20 minutos después la muchacha, muy enojada, le pide a su hermano que se vayan de ahí:

—Vámonos, Froilán. Ya no aguanto.

—Pero, Teodora, acabamos de llegar y estoy platicado con tu compañerita.

—¡Vámonos ya!

—Bueno, bueno, pero no grites. Déjame despedirme. Perdón, tengo que irme. Mañana te mando un whatsapp.

Durante el camino a casa, Teodora no le dirige la palabra a su hermano. Al llegar, se encierra en su recámara. No es hasta la mañana siguiente en el desayuno cuando vuelven a encontrarse.

—¿Y ahora qué te pasa? ¿Por qué no me hablas, Teodora?

—No te hagas menso.

—¿Yo? ¿Pues qué te hice?

—Por tu culpa nadie se acercó a sacarme a bailar.

—¡No manches! ¿De verdad piensas eso, Teodora? Eso me saco por tratar de ayudarte.

En efecto, eso se sacó Froilán por tratar de resolver el problema de su hermana. Sin embargo, de cierta forma no le faltó razón a ella al culpar a su hermano porque, sin quererlo, su presencia pudo provocar que ningún muchacho se atreviera a acercársele. Más adelante veremos cómo podría Froilán ayudar a Teodora a resolver su problema.

Ahora veamos cómo podemos involucrarnos en el problema del otro de una manera indirecta. Lo hacemos cuando utilizamos ciertos bloqueadores de la comunicación para tratar de influir o dirigir el comportamiento de la otra persona:

- Ofrecer consejos para sugerir a la persona lo que debería hacer:

  · "Yo que tú, iba y le mentaba la madre."
  · "Sería mejor que renunciaras a ese trabajo. Nada más te explotan."
  · "Permíteme sugerirte que cambies a tu hijo de escuela para que dejen de hacerle *bullying*."

- Advertir, persuadir o disuadir a la otra persona bajo alguna amenaza:

  · "Te irá peor. Más vale malo por conocido que bueno por conocer."
  · "Cuidado. Van a regañarte si haces esa tontería."
  · "Si le dices a tu jefe lo que piensas, van a despedirte."
  · "¿Qué va a decir la gente si te retiras en este momento?"
  · "Si sigues fumando, vas a morir."

- Dar órdenes sobre lo que debe hacer o no:

  · "Corre, ve y dile que es un idiota."
  · "No vuelvas a hablarle a ese desgraciado."
  · "Pégale, pégale, no te dejes."
  · "Pídele perdón".

- Moralizar, persuadir o disuadir a la otra persona con base en un deber ser:

  · "Dios te castigará si no le devuelves ese dinero."
  · "Es tu deber comentarle esa irregularidad a tu jefe."
  · "Es tu responsabilidad denunciar el acoso que sufriste."
  · "Arrepiéntete de tus pecados."

- Juzgar o emitir juicios de valor:

  · "No lo hagas. Es lo más tonto que he oído en mi vida."
  · "Estás loco, cómo se te ocurre eso."
  · "No seas corrupto. No le des dinero al inspector."

Además, estas acciones corren el grave riesgo de no ser exitosas. ¿Por qué? Porque, por ejemplo, un hombre puede sugerirle a un amigo, con la mejor de las intenciones, una solución para resolver un conflicto que tiene con su esposa, pero al final quedar mal. Veamos el caso de *El hijo del pecado*:

—Amigo, necesito que me ayudes, por favor. Eufemia, mi expareja sentimental, se va a vivir a Estados Unidos con otro hombre y quiere que me haga cargo de Rigo, nuestro hijo de cuatro años.

—¿Y cuál es el problema? ¿Por qué no te quedas con el niño si es tu hijo?

—¿Cómo que por qué? Mi esposa no sabe que tengo un hijo fuera del matrimonio.

—Lo que debes hacer, Rigoberto, es confesarle a tu esposa que le fuiste infiel y que tienes que quedarte con la criatura.

—¿Estás loco? ¿Cómo voy a decirle eso? Ella es la más religiosa y conservadora de todas las mujeres. No sé de qué sería capaz.

—*Nombre*, cuando vea al niño va a enternecerse y va a perdonarte.

—¿Y qué pasaría si no lo quiere? ¿Tú podrías llevártelo a vivir a tu casa con tu familia? Mira que el pequeño Rigo no da nada de lata y yo correría con todos sus gastos.

—Mira, mejor primero habla con tu esposa y si no lo acepta, ya lo platicaremos.

Es muy probable que todas las soluciones que al amigo le hayan servido con su pareja, no funcionen para el caso de

Rigoberto porque ni su esposa, ni él ni sus circunstancias son como las de su amigo.

Para colmo de males, como la solución falló, Rigoberto le reprochará a su amigo que, por su culpa, su problema no se resolvió y empeoró. Así se crea un nuevo problema que ahora será tanto del amigo como de Rigoberto. Veamos cómo termina la historia de *El hijo del pecado*:

—¿Y ahora por qué traes el ojo morado?

—¿Por qué crees tú, idiota?

—Órale, no ofendas. Pues, ¿qué pasó?

—Por tu culpa, mi esposa me pegó y quiere divorciarse de mí.

—¡No le hagas! ¿Y por qué yo tengo la culpa?

—Pues porque tú me dijiste que le dijera la verdad.

—Ah, pues sí, ¿verdad?

—Ahora, tú me pagas los honorarios del abogado y te llevas a vivir a mi hijo a tu casa.

—¿Qué, qué? Eso me saco por querer ayudarte.

En este caso, lo único que quedaría por hacer para ayudar a la persona afectada por un problema es asesorarla para que ella lo resuelva por sí sola. Sin embargo, no veamos esta opción como una alternativa de consolación. Por el contrario, es una mejor elección, ya que al no involucrarnos mostraremos respeto por la persona al considerarla capaz de resolver sus dificultades y estaremos a salvo de adquirir una responsabilidad que no nos corresponde. Además, al promover que ella resuelva su problema, propiciaremos que aprenda a hacerlo y que crezca como individuo.

Bien, ahora que ya hemos evitado la tentación de involucrarnos en el problema del otro, empezaremos a analizar la metodología prometida:

Paso 1. Detectar la existencia del problema

Para muchos de nosotros, identificar cuando una persona tiene una dificultad y cuando no es un paso muy sencillo. Pero, dado que somos seres humanos, esto a veces se complica por dos razones. En primer lugar, porque en muchas ocasiones las apariencias engañan. Lo que para nosotros puede parecer un problema, para otros puede no serlo. A veces vemos *moros con tranchete* donde no los hay. Por tanto, es conveniente verificar que en verdad existe el supuesto problema.

Lo mejor es confirmar con la persona aparentemente afectada si en realidad lo que le ocurre representa un problema verdadero para ella o no. Por ejemplo, preguntar: "Oye, ¿no te molesta que tu hermanita se lleve tu *tablet* sin avisarte?", "Oye, ¿no te afecta que tus empleados lleguen tarde al trabajo?"

Si actuáramos en donde no hubiera problema, correríamos el riesgo de crear uno, como el caso del señor que llega a las 10 de la noche a su casa:

—Ya llegué, familia.

—Papi, ven a mi recámara. Quiero que escuches una canción que saqué en mi guitarra eléctrica.

La voz de la madre se escucha desde la cocina:

—Niño, no molestes a tu padre. El pobre viene cansado de trabajar todo el día.

—¿Y tú por qué te metes? ¿Cómo sabes que vengo cansado? ¿A ver? –replica el padre.

—Oh, viejo, yo *nomás* quería ayudarte. Malagradecido.

La segunda razón por la que se complica identificar la existencia de un problema, es que hay personas que tienen dificultades para manifestar que viven una circunstancia conflictiva a causa de los sentimientos que esto les provoca. Ojala todas las personas que tuvieran un problema grande llegaran con nosotros y nos dijeran: "Oye, tengo una situación que no sé cómo resolver y quiero que me ayudes". Esto evitaría muchos inconvenientes y muchos días improductivos.

Es por ello que tenemos que estar atentos a las personas que nos interesan (colaboradores, compañeros de trabajo, pareja, familiares, amigos, etcétera) y a la posibilidad de que emitan cualquiera de las siguientes pistas que delatan la existencia de un problema. Estos comportamientos inusuales, pueden ser:

- Llegar tarde o no asistir al trabajo.
- Permanecer distraído constantemente.
- Estar de mal humor o irritable.
- Mostrarse incomunicado.
- Manifestarse molesto o sarcástico.

Expresiones poco comunes en la persona pueden evidenciar problemas; por ejemplo:

- "Hoy me levanté con el pie izquierdo."
- "No sé qué tiene de bueno eso."
- "Me gustaría haberme quedado en casa."

- "Siempre han de salirme mal las cosas."
- "Mejor no me hubiera levantado hoy."
- "Me quiero morir."

Paso 2.
Definir con claridad el problema

¿Dónde está la información sobre el problema de una persona? Como es obvio, está en la propia persona.

Como lo más probable es que un individuo se encuentre emocionalmente *cargado* por la molestia, la tristeza, la frustración, el enojo, etcétera, es muy posible que no tenga conciencia clara de que tiene una situación complicada y menos que tenga la capacidad, en ese momento, de definirla con claridad.

Aun así, la única manera de resolver un problema es empezar por definirlo, pero ¿qué se necesita para *sacarle* la información a esta persona?

Podríamos pensar que con sólo preguntarle qué es lo que le pasa, nos dirá de inmediato la razón y tendrá la capacidad de resolver su situación, sin embargo, esto no ocurre en la mayoría de los casos.

Entonces, en este momento se requiere de una persona que le ayude a reconocer su problema y a definirlo con claridad. Es justo en este punto donde nosotros podemos entrar en la escena.

Bajo el supuesto de que la persona afectada tiene la información del problema, nuestro papel será *extraer* ésta, para lo cual requerimos superar dos retos:

- Aceptar el estado de ánimo de la persona si es que está afectada, aunque esta situación sea molesta o deprimente para nosotros.
- Saber escuchar a la persona, aun cuando no esté muy dispuesta a hablar.

El primer reto, pues, no es tan fácil de superar, ya que comunicarse con una persona emocionalmente afectada no resulta muy agradable. Imagínate que tu hijo de cinco años te dijera:

—Papi, papi, qué bueno que llegaste.
—¿Por qué, *mijo*?
—Es que quiero matar a mi hermanita.

Lo más seguro es que esa declaración te impactaría y que contraataques visiblemente enojado.

—¿Qué dijiste?
—Que quiero matar a mi hermanita.
—¿Qué, qué?
—Que quería matar a mi hermanita.
—A ver, repite lo que dijiste.
—Que quiero mucho a mi hermanita.
—Eso sí. Y si vuelves a decir que quieres matar a tu hermanita, al que voy a matar va a ser a ti.

A pesar de lo difícil que pueda resultar para ti o de lo absurda que te parezca la situación, debes aceptar que la persona puede sentir odio. Ahora, imagínate que respondieras aceptando el enojo de tu hijo:

—Papi, papi, qué bueno que llegaste.

—¿Por qué, *mijo*?

—Es que quiero matar a mi hermanita.

—Ah, caray. Debes estar muy enojado con ella.

—Sí, estoy furioso. Hizo algo que me molestó mucho: cogió mi coche de control remoto y lo rompió.

—Uy, qué mal estuvo eso. ¿Y qué piensas hacer?

—No sé. Que me compre uno nuevo.

—¿Qué te parece que pague la compostura?

—Está bien.

Yo sé que resultaría poco agradable escuchar la frase de que alguien quiere matar a tu hija, sin embargo, debes entender que, en este ejemplo, el niño no lo decía en serio, sino porque estaba muy enojado. Ahora, lo que sí podrías hacer, asertivamente, es llamar a tu hijo cuando se haya calmado y decirle lo siguiente:

—Oye, campeón, quiero pedirte un favor.

—Sí, *apá*.

—Cuando estés muy enojado con tu hermanita o con cualquier persona, no digas que quieres matarla.

—¿Por qué?

—Porque imagínate lo que siento yo al oír que quieres matar a tu hermanita.

—Pero no es en serio.

—No importa. Prefiero que no lo digas.

—Está bien, *apá*.

Es por ello que, cuando nos cueste trabajo aceptar el estado de ánimo de una persona presionada por un problema, es necesario evitar utilizar los siguientes bloqueadores de la comunicación porque tienen el propósito ulterior de tratar de modificar el estado de ánimo de la persona:

Distraer. Intentar que la persona piense o haga cosas distintas que le permitan olvidarse del asunto.

- "Vente, te invito a tomar un café."
- "Esto que me dices me recuerda que cuando yo era joven me pasó algo similar. Te platico..."

Alabar. Emitir elogios para hacerla sentir mejor.

- "¡Hombre! Una persona tan inteligente como tú sabrá mantener la calma."
- "Oye, un gerente de tu nivel y con tu experiencia seguro que resuelve este problema pronto."

Consolar. Emitir expresiones de aliento para hacerla sentir mejor.

- "No te preocupes. Todo va a salir bien."
- "Olvídalo. Después de la tormenta, viene la calma."
- "No está tan mal tu situación. Podría estar peor."

Ridiculizar. Burlarse de su manera de pensar de la persona o de cómo actúa.

- "Bájale. Pereces niño chiquito."
- "Bueno, a tu edad, ¿qué puede esperarse de ti?"
- "Hablas como si estuvieras loco."

Sobre este tema, también hay otros tipos de bloqueadores de la comunicación que llegamos a utilizar casi de modo automático con una persona que tiene un problema. Es lógico que le preguntemos sobre su situación, que diagnostiquemos las posibles causas o que razonemos sobre probables soluciones. Estas acciones no son malas por sí mismas, pero en ese momento no van a funcionar porque la persona está conectada a su parte emocional del cerebro y lo que nosotros utilizamos son procesos racionales; entonces es como si le habláramos en japonés. Abundemos un poco más en estos bloqueadores de la comunicación por usar procesos racionales:

Preguntar. Acosarla con múltiples cuestionamientos.

- "¿Qué te pasa?, ¿por qué estás así?"
- "¿Qué te dijo?, ¿qué le dijiste?"
- "¿Por qué hiciste eso?"

Diagnosticar. Hacer suposiciones sobre las causas que provocaron el problema.

- "*Nombre*, lo dices porque estás enojado."
- "Mira, lo que tú necesitas es..."
- "Lo que pasa es que tienes celos."

Razonar. Persuadir o disuadir con argumentos lógicos.

- "Los hechos están a favor de..."
- "¿Te das cuenta de lo que estás diciendo?"
- "La experiencia dice..."
- "Lo correcto es..."

Como ves, son muchas las posibilidades que existen para bloquear una comunicación con la persona emocionalmente alterada; unas veces por no aceptar su estado de ánimo, otras por tratar influir en su conducta y otras por razonar en el momento inadecuado. Para demostrar cómo tendemos a usar los bloqueadores, te presentaré unos ejemplos de ejercicios de *juego de roles* o *role playing* que he utilizado decenas de veces en mis cursos de manejo de conflictos. En cada caso hay dos personajes: uno que tiene el problema, que lo actúo yo, y otro que es un amigo que quiere ayudarme. Este personaje lo representan los participantes (uno por uno).

En el ejercicio se le pone un tache a quien diga algo que no ayude a resolver el problema del amigo o doble tache si lo que dice hace retroceder la posible solución. La cantidad de taches es increíblemente alta, toda vez que, bajo la presión del mal humor de la persona que yo actúo, los participantes utilizan los bloqueadores de la comunicación. Te comparto las respuestas más comunes que he recibido:

El compañero de trabajo. En este caso, los dos personajes entraron a trabajar a una empresa cinco años atrás como ingenieros industriales y desde entonces son amigos. Una mañana, cuando uno de ellos camina por el pasillo, ve salir de la oficina del jefe de ambos a su amigo Melitón muy alterado, ya que azota la puerta de la oficina del jefe.

—¡Me lleva la que me trajo!

—¿Qué te pasa?

—Qué te importa, güey.

—Oye, ¿qué onda contigo?

—Ya te dije que qué te importa.

—Oye, tranquilízate.

—¿Por qué voy a tranquilizarme?

—Para que podamos hablar como Dios manda.

—¿Y quién te dijo que yo quería hablar?

—Nadie, pero parece que tienes un problema.

—Pues muy mi problema.

—Bueno, si no quieres que te ayude...

—¿Pero tú en qué vas a poder ayudarme, si con este viejo nadie puede?

—Ah, de seguro te peleaste con el jefe porque los dos se encienden muy rápido.

—Cállate. Estuve trabajando ayer hasta las 12 de la noche y... ¿de qué sirvió?

—Ya, ya, no te preocupes. Vente, te invito un cafecito.

—¿Cafecito? ¡Mangos! No quiero nada.

—Pareces un niñito berrinchudo.

—¿Berrinchudo? Tu abuelo.

—Oye, seguro se te va a caer el pelo si sigues haciendo corajes.

—Ya sé. Vamos a renunciarle ahorita mismo los dos al desgraciado jefe.

—¿Qué te pasa? ¿Cómo vamos a renunciar? ¿Te imaginas si nos quedamos sin trabajo? ¿Qué va a ser de nuestros hijos?

—No le saques. Vamos a redactar nuestras renuncias.

—Redacta la tuya. ¿Yo por qué? Yo no tengo problemas con el jefe.

—Maricón.

Aunque lo único que él quería era ayudar a su amigo enojado, esto no fue posible dado que en cada ocasión utilizó algún bloqueador de la comunicación. Trata de identificarlos en cada renglón.

El cuñado nocturno. En este caso, uno de los personajes es Tadeo, quien se casó hace ocho años con la hermana del otro personaje, su cuñado. En ese matrimonio tienen dos hijas de cinco y tres años de edad, respectivamente. Como a las diez de la noche se presenta Tadeo sin avisar en la casa de su cuñado. Cuando lo recibe y lo invita a sentarse, inicia la conversación:

—Cuñado, perdóname por venir a molestarte a estas horas y sin avisar.

—No te preocupes, Tadeo. Dime qué te trae por aquí.

—Pues nada. Lo que pasa es que tú y yo somos amigos desde hace mucho tiempo.

—Sí, desde la preparatoria.

—Y por eso conocí a tu hermana.

—Sí y luego te casaste con ella.

—Por eso creo que tú debes ser el primero en enterarte de mi decisión. Voy a divorciarme.

—¿Qué? Pero ¿por qué quieres divorciarte de mi hermana?

—Porque está loca.

—Óyeme, no. Mi hermana no está loca.

—Sí, sí está loca.

—¿Por qué dices que está loca?

—Porque me grita a cada rato. Se pone a llorar por cualquier cosa. Me persigue todo el tiempo. Me llama al trabajo veinte veces al día.

—Oye, Tadeo, ¿ya pensaste en las niñas? Ellas van a ser las víctimas de tu decisión.

—A las niñas no les faltará nada. Y así ya no nos verán pelear a cada rato.

—Pero juraron ante Dios que permanecerían unidos hasta que la muerte los separe.

—Es que, si no me separo ahorita, el que va a morir de un coraje soy yo.

—Oye, ¿por qué no van a ver a un consejero matrimonial? Hay muy buenos.

—¿Y yo por qué? La que tiene que ir al psiquiatra es tu hermana. Deberías llevarla.

—Bueno, a todo esto, ¿qué dice mi hermana?

—No sé porque todavía no le digo. ¿Por qué no se lo dices tú? Eres su hermano mayor.

—Bueno, déjame cambiarme de ropa y vamos a platicar con ella.

Total que una vez más, por mucho que el cuñado quiso ayudarlo, no le fue posible porque sus palabras, lejos de ayudar, entorpecieron la comunicación.

Firulais. En este caso, los personajes son Carlitos, un niño de cuatro años, y su papá, quien tratará de ayudarlo con su problema. Resulta que una tarde, al llegar del trabajo, el papá se sorprende al ver a su hijo sentado en la banqueta fuera de la casa. Pronto se baja del coche y se da cuenta de la tragedia a la que se enfrenta su hijo: su perrito *Firulais* yace aplastado y muerto a su lado.

Veamos cómo reaccionaron los participantes ante esta situación.

—Papi, papi. ¡Qué bueno que llegaste!

—Carlitos, ¿qué paso?

—¿Pues qué no ves?, ¿estás ciego? Atropellaron a *Firulais.*

—Pero ¿quién lo dejo salir a la calle?

—Fui yo, papá. Yo tengo la culpa.

—Bueno, Carlitos, no te preocupes. Yo voy a comprarte otro.

—No, no, no. Yo no quiero a otro. Sólo quiero a *Firulais.*

—Pero es que tu perrito ya se... ya se...

—¿Ya se qué, papá?

—Ya se murió.

—No, no, no. Mi perrito no está muerto. Haz algo, papá. Haz que despierte.

—No, *mijo.* Tu perrito ya está en el cielo de los perritos.

—No, no es cierto; si yo soy su amigo, ¿por qué iba a irse a otro lado?

—Mira, Carlitos, tienes que entender que en esta vida todos nacemos, crecemos y nos morimos.

—¿Tú también vas a morir?

—Bueno, no. Bueno, sí.

—¿Por fin?

—Mira, mejor vamos a llevarlo con el doctor.

—¿Y él lo puede despertar?

—No sé, puede que sí.

—Pues vamos. Córrele.

—Súbete al coche.

De verdad, la gran mayoría de la gente no sabe cómo actuar ante una situación tan difícil como es la muerte de una mascota y mucho menos ante la de una persona. ¿Qué nos pasa cuando llegamos a dar el pésame a un conocido por la muerte de su familiar? En la capilla saludamos a los presentes y, de pronto, frente a la persona, nos quedamos mudos por no saber qué decirle. Entonces, recurrimos a las frases trilladas que, en el fondo, no le transmiten nada al deudo: "Lo siento mucho", "Te acompaño en el sentimiento", "Sabes que cuentas conmigo", "Mi más sentido pésame" (aunque no sepamos que significa la palabra pésame).

Más adelante veremos cómo actuar de manera correcta en estos tres casos, de acuerdo con la metodología que nos ocupa.

El segundo reto consiste en escuchar al otro. Es un reto porque, por un lado, escuchar resulta ser una de las habilidades menos desarrolladas que yo he visto en las personas. Como que todos tenemos mucho que decir y poco que escuchar. Si yo anunciara dos cursos en internet, uno sobre "Cómo hablar en público" y el otro sobre "Cómo aprender a escuchar a los demás", ¿cuál crees que tendría mejor respuesta? Sin duda, el primero se agotaría con rapidez y el segundo no tendría más de dos interesados. Aparte de esta falta de habilidad, habrá ocasiones en que tratar de hablar con alguien que no está dispuesto a hacerlo lo vuelve mucho más difícil.

Es por ello que debemos convertirnos en verdaderos expertos en el arte de escuchar. Para eso compartiré contigo algunas *técnicas para escuchar* que utilizaremos según las particularidades de cada situación.

Por ejemplo, cuando la persona se ve ligeramente afectada a causa de un problema que no parece ser muy serio y que no influye en sus resultados en el trabajo, pero no quiere platicar acerca de eso o no estamos en el lugar ni en momento adecuado para hacerlo. En este caso, vamos a utilizar la *técnica de abre-puertas,* que consiste en hacerle a la persona una invitación para conversar más tarde y ayudarla cuando ella lo decida.

—Oye, te noto un poco raro. ¿Qué te pasa?
—Nada, estoy bien.
—Si tienes un problema y quieres platicarlo o escuchar otro punto de vista, voy a estar en mi oficina en la tarde. Recuerda que compartir un problema lo hace menos pesado.

Es muy posible que, con el paso de las horas y al sentirse cada vez peor, la persona opte por acercarse a nosotros.

Otra situación es cuando la persona afectada por un problema se acerca a nosotros y quiere platicarnos acerca de él. En este segundo caso, podemos utilizar la *técnica de escuchar pasivamente* o la *técnica de escuchar dando acuses de recibo.*

La primera consiste en escuchar a la persona sin decir nada. El silencio invita y motiva a la otra persona a hablar. Es la técnica que usan los psiquiatras cuando sus pacientes están recostados en el diván y los sacerdotes cuando están en el confesionario.

—Señora, para poder resolver su trauma quiero que me platique todo lo que recuerde de su infancia.
El doctor saca su libreta de notas y se queda callado.
—Ay, doctor, a mi edad ya no me acuerdo de ninguno.
El doctor no responde nada y se mantiene en silencio. Segundos más tarde:
—Bueno, bueno, cuando estaba en el jardín de niños, un día mi maestra me pidió…

Al finalizar la historia, el doctor permanece callado y a continuación:

—Ah, en la escuela primaria me sucedió algo muy triste. Sucedió en una tarde de verano...

Al terminar el relato, el doctor de nuevo no dice nada y en seguida:

—Y en la secundaria, ¿qué cree que me pasó? Pues resulta que...

•

En la iglesia, más pecados confesará la persona mientras más callado se quede el sacerdote:

—Ave María purísima.

—Sin pecado concebida.

—A ver, hijo mío, dime tus pecados.

—Pues acúsome, padre, de haber tenido relaciones con la vecina del ocho.

Silencio del padre.

—Ah, y también con la del seis.

Silencio del padre.

—Y la del tres.

En cambio, si el sacerdote emitiera algún comentario, es posible que la persona ya no diga nada más.

—Ave María purísima.

—Sin pecado concebida.

—A ver, hijo mío, dime tus pecados.

—Pues acúsome, padre, de haber tenido relaciones con la vecina del ocho.

—¿Cómo? ¿Tú, Amadito Goicochea? ¿Tú, que te conozco desde que eras un niño? ¡Qué barbaridad! Y ¿qué más?

—No, nada más, padre.

La *técnica de escuchar dando acuses de recibo* consiste en intercalar expresiones semejantes a: "ajá", "sí", "entiendo", "a poco" o "no me digas", así como asentir o negar con la cabeza. Esto ayudará a que la persona constate que efectivamente la escuchamos.

Otro ejemplo es cuando la persona está muy afectada debido a un problema serio que influye en su estado de ánimo y, por tanto, en sus actitudes y resultados en el trabajo, pero, por estar emocionalmente cargada, se niega a platicar, a contestar preguntas o a dejarse ayudar. En este caso, utilizaremos la poderosa *técnica de escuchar activamente*, que consiste en un proceso interactivo donde la persona que escucha, participa con comentarios y preguntas para poder recabar la información que necesita; en concreto, para definir con claridad el problema de su interlocutor.

Para esto, utilizaré el clásico modelo de comunicación donde intervienen dos personas. Te preguntarás, ¿cómo se llama el que emite el mensaje? Pues no me lo vas a creer, pero se llama *emisor*. Y ahora una pregunta más difícil: ¿cómo se llamará el personaje que recibe el mensaje? Pues ni te lo imaginas: se llama *receptor*. Bueno, después de esta explicación magistral veamos cómo funciona esta técnica.

Todo inicia cuando el emisor quiere transmitirle a otra persona un pensamiento, un sentimiento, una pregunta, una necesidad, un deseo, etcétera. Para poder expresarse, tendrá que utilizar algunas palabras, las cuales son una serie de códigos que forman parte del vocabulario de un idioma; en este caso, el español. Según su conocimiento y entedimiento, además de su estado de ánimo, el emisor codificará el mensaje a través de una frase u oración y lo enviará por medio de su lenguaje verbal o escrito.

Por ejemplo, el emisor tiene una sensación corporal desagradable por una baja temperatura del medio ambiente y siente la necesidad de expresarla a otra persona, quizá con la intención de solicitar su ayuda. Entonces codifica ese pensamiento con dos palabras: "Tengo frío".

Al recibir el mensaje, el receptor tendrá que interpretar lo que el emisor quiso decirle en un proceso llamado decodificación, donde también utilizará los códigos del vocabulario. Si no tuviera duda, dará por buena su interpretación y actuará en consecuencia. Por ejemplo: "Si tienes frío, voy a cerrar la ventana". Funcionó el modelo a la perfección.

Pero ¿qué pasa cuando el emisor está bajo el influjo de una fuerte emoción: triste, enojado, deprimido, etcétera? En este caso, es natural que realice el proceso de codificación de una manera muy sofisticada. Por ejemplo, ante un problema que se le presenta y que lo afecta mucho, dirá: "¡Me lleva el tren!" Como no están parados cerca de la vía del tren, ni el receptor ni otra persona entenderán en principio lo que el emisor quiso decir.

Al no entender el mensaje, el receptor tendrá que llevar a cabo la segunda fase del modelo de comunicación que recibe el nombre de *retroalimentación* o, como dirían los españoles, *feedback* (es broma). Entonces, aunque a él le corresponde escuchar, toma un papel activo que consiste en reflejarle al emisor su impresión sobre lo que dijo. Para ello, emite un mensaje con la impresión que le dio la expresión del emisor, con la intención de verificar si es correcta o no. Por ejemplo: "Estás molesto". Si esta impresión no corresponde a la expresión del emisor, no pasa nada porque tiene todas las oportunidades que sean necesarias hasta dar con la impresión que equivalga a la expresión. Ejemplo:

—¡Me lleva el tren!

—Estás molesto.

—No, más que molesto.

—Ah, estás enojado.

—Sí, estoy muy enojado. Enojadísimo.

—Ah, entonces estás furioso.

—Exacto. Estoy furioso.

Cuando la impresión del receptor iguala la expresión del emisor, se dice que ha *empatado* con él; es decir, que ha podido reflejarle lo que siente, lo cual le dará confianza al emisor para seguir hablando, dado que estará seguro de que el receptor no sólo lo escucha, sino que lo entiende. Es importante que en este momento respetemos las siguientes *reglas para escuchar activamente:*

- Mantener el contacto visual con el emisor.
- Usar un lenguaje corporal tranquilo, pero con una cierta inclinación hacia adelante para mostrar nuestra intención de acercamiento.
- Matizar nuestras palabras; es decir, que no podemos decirle a la persona con un tono de desgano: "Ah, entonces estás furioso", sino con un tono enérgico: "¡Ah, lo que sucede es que tú estás furioso!"
- Evitar repetir siempre lo que diga el emisor con las mismas palabras, por ejemplo:

—Oye, hijo, ¿qué te pasa? ¿Por qué brincas?

—Es que estoy muy contento.

—Ah, estás contento.

—Hoy me fue muy bien.

—Te fue muy bien.

—Metí un gol de cabeza.

—Ah, metiste un gol de cabeza.

—Sí, en el mero ángulo.

—En el mero ángulo.

—¿Qué te pasa, papá? ¿Por qué repites todo lo que digo? ¿Volviste a beber?

Por el contrario, podemos utilizar sinónimos y frases equivalentes:

—Oye, hijo, ¿qué te pasa? ¿Por qué brincas?

—Es que estoy muy contento.

—Ah, estás feliz.

—Hoy me fue muy bien.

—Tuviste un buen día en tu escuela.

—Metí un golazo de cabeza al ángulo a la hora del recreo.

—Y te felicitaron tus compañeros.

—Sí y me sentí muy bien.

Ahora vamos a practicar un poco el proceso de escuchar activamente. Analicemos el siguiente ejemplo que es una conversación entre el dueño de una miscelánea de barrio, don Pepe, y el repartidor de pastelitos y golosinas, Jacinto, quien a fuerza de visitarlo tres veces por semana por más de cinco años, se ha hecho su amigo.

Después de cada mensaje emitido por don Pepe, Jacinto dará dos respuestas. La primera será una expresión nada empática que en algún momento podrá bloquear la comunicación (entre paréntesis señalaré el tipo de bloqueador que utilizará el repartidor). La segunda será una expresión con la cual Jacinto sólo pretenderá reflejar a don Pepe la impresión que le produjo su expresión; es decir, que Jacinto escuchará activamente, evidenciará su empatía hacia su interlocutor y generará confianza para que el tendero siga hablando.

Resulta que un buen día (más bien un mal día para el dueño de la tienda), en el momento en que el repartidor entra al establecimiento, don Pepe exclama:

—¡Qué asco de tienda! ¡Cómo me gustaría tener una cocina económica como la de don Roque! Él sí que tiene suerte.

a) —Le tiene envidia a don Roque (diagnostica).

b) —Siente que no tiene suerte.

—Sí, él no tiene que trabajar todo el santo día y yo sí.

a) —Hay gente que es muy floja (juzga).

b) —¿Siente que trabaja mucho?

—Sí, Jacinto, yo abro desde a ocho de la mañana y cierro hasta la nueve de la noche. Trabajo como burro.

a) —Pero para ganar dinero hay que chambear duro (sugiere).

b) —Realmente se cansa de trabajar tantas horas al día.

—Bueno, no es que me canse de trabajar. Me cansa lidiar con cierto tipo de clientes. ¡Algunos son odiosos!

a) —Oiga, don Pepe, ésa no es la forma de hablar de los clientes (juzga).

b) —Entonces lo que le cansa son algunos tipos de clientes.

—Así es. Odio a las señoras que reclaman por todo y odio a los niños que hacen escándalo.

a) —¿Qué paso? ¿Por qué anda tan susceptible? (pregunta).

b) —Así que odia a todas las señoras, hasta a los niños.

—Bueno, en realidad no odio a todos. Doña Dolores es la peor.

a) —La señora no puede ser tan mala como para que la odie (juzga).

b) —Odia a una en particular.

—Sí, Jacinto, y como vive aquí al lado tengo que soportarla todo el tiempo.

a) —Sería bueno que hiciera un esfuerzo por entenderla; quizá ella también tiene sus problemas (aconseja).

b) —Entonces tiene que atenderla todo el tiempo.

—Yo no sé cómo voy a aguantarla. Con ella es imposible quedar bien, a menos que le regale algún producto cada vez que viene.

a) —Tiene que ser más positivo (ordena).

b) —Cree que nunca podrá dejarla satisfecha.

—Yo no soy experto en trato a la gente y siento que mi tienda está perdiendo clientes.

a) —Mejor olvídese de esto y váyase al cine con su esposa esta noche (distrae).

b) —Está muy preocupado con esta situación.

—No sé qué sucede. Mi tienda lleva 20 años funcionando y todo el mundo la conoce. Sin embargo, los clientes prefieren ir a otras.

a) —No se preocupe, ya verá que van a regresar solitos (consuela).

b) —No sabe qué es lo que necesita para retener a sus clientes.

—Bueno, la verdad es que las otras tiendas están muy bien surtidas y yo no he podido hacerlo.

a) —Pues haga algo al respecto, en lugar de quejarse (ordena).

b) —Usted cree que quizá sea eso lo que las otras tiendas tienen y usted no.

—Sí, últimamente he tenido gastos familiares muy fuertes y no he resurtido mi tienda como debe ser. La gente no encuentra aquí todo lo que necesita.

a) —No se preocupe, usted es muy inteligente. Ya verá que algo se le va a ocurrir (alaba).

b) —Entonces su problema es que no ha podido surtir bien su tienda y la gente tiene que buscar sus cosas en otros lugares.

—Sí, justo ése es mi problema, Jacinto.

Podemos concluir que con cualquier respuesta que no empatara con lo que don Pepe dijo, Jacinto pudo romper la comunicación. En cambio, al escuchar activamente y al expresar frases empáticas, Jacinto logró que la conversación fluyera y definió el verdadero problema que tenía don Pepe.

Además de obtener información, por medio de la escucha activa podemos desactivar la actitud emocional de la persona y conectarla a la parte racional de su cerebro. Recordemos cómo empezó don Pepe la conversación con exaltado grito: "¡Qué asco de tienda! ¡Me gustaría tener una cocina económica como la de don Roque! Él sí tiene suerte". ¿Y cómo la terminó? Con tranquilidad, don Pepe le contestó a Jacinto: "Sí, justo ése es mi problema".

¡Guau, qué bien! La técnica funcionó de maravilla. Así pues, si no usamos los bloqueadores de la comunicación y sabemos escuchar a las personas, podremos deducir cuál es el problema y definirlo de forma correcta, con base en la información del afectado, y así completar el paso número dos del proceso. Es cierto que fue un paso muy largo y complicado, pero una vez logrado, habremos avanzado 80% del camino.

Por último, veamos cuál sería la solución en los casos que vimos antes, a emplear la técnica de escuchar activamente y al ser empáticos con la persona que tiene el problema. Veremos que lo primero que hay que hacer es empatar con el sentimiento de la persona hasta que logremos decir: "Ah, entonces te sientes muy frustrado" y la otra persona conteste: "Sí, estoy muy frustrado". Luego tenemos que presentar las hipótesis de la posible causa del problema que la afecta, diciendo: "Entonces te sientes así porque llegaste tarde a la junta", hasta llegar al punto en que podamos confirmar: "Por lo tanto, te sientes frustrado porque no te incluyeron en ese grupo" y nuestro interlocutor nos conteste: "Sí, por eso estoy frustrado".

Veamos la conversación entre padre e hija del caso *La muñeca fea*.

—¿Qué te pasa, *mija*? No has probado ni un bocado de tu cena.

—Ay, papá, estoy muy triste porque este sábado es el baile de fin de cursos de la secundaria y ninguno de mis compañeros me ha invitado a acompañarlo. Yo quiero ir, quiero ir, quiero ir.

—Ya veo que estás muy triste por esto.

—Sí, papá. ¿Qué hago?

—¿Tú crees que todavía exista la posibilidad de que alguien pueda invitarte?

—No creo porque sólo faltan dos días y yo casi no hablo con mis compañeros.

—O sea que con las chicas te llevas bien, pero no con los muchachos.

—Sí, papá. Lo que pasa es que no sé de qué platicar con ellos.

—Qué pena, *mija*. Siendo realistas, creo que este año no podrás ir al baile. Pero, si quieres, podemos buscar la manera de que te relaciones mejor con tus compañeros, hagas amigos y que el próximo año los muchachos se animen a invitarte.

Abordemos de nuevo el caso de *El hijo del pecado*:

—Amigo, necesito tu ayuda. Eufemia, mi expareja sentimental, se va con otro hombre y quiere que yo me quede con Rigo, nuestro hijo de cuatro años.

—¿Y cuál es el problema? ¿Por qué no te quedas con el niño?

—¿Cómo que por qué? Mi esposa no sabe que tengo un hijo fuera del matrimonio.

—¿Y qué pasaría si le explicas la situación y le dices que tienes que quedarte con la criatura?

—¿Estás loco? ¿Cómo voy a decirle eso? Ella es la más religiosa y conservadora de todas las mujeres. No sé de qué sería capaz.

—Entonces tu problema es qué vas a hacer con el niño si no puedes integrarlo a tu familia.

—Sí, exactamente ése es mi problema. ¿Por qué no te quedas tú con el niño? Te prometo que yo correría con todos los gastos.

—Perdóname, Rigoberto, pero no puedo hacerlo. Este problema es tuyo y no puedes pasárselo a otro así nomás porque sí.

—Pero entonces ¿qué es lo que voy a hacer con el pequeño Rigo?

—Si quieres, te ayudo a ver qué otras posibilidades se nos ocurren.

—Está bien. Vamos a sentarnos.

Como este problema es muy complicado será difícil encontrar soluciones, y es posible que Rigoberto reconsidere la opción de confesarle a su esposa que tuvo un hijo fuera de su matrimonio. Pero ésta será su decisión, y la tomará bajo su propio riesgo.

Ahora analicemos el caso de *El compañero de trabajo*:

—¡Me lleva la que me trajo!

—Oye, sí que estás enojado.

—Más que enojado.

—Ah, entonces estás furioso.

—Sí, estoy furioso.

—Tuviste un problema con el jefe.

—No, ni siquiera eso. Estuve trabajando hasta las 12 de la noche para nada.

—No le gustó el trabajo que le entregaste.

—Pues no sé porque no me dijo nada. Ni las gracias me dio.

—Entonces, estás furioso porque trabajaste mucho.

—No, no estoy molesto por eso, a mí no me importa trabajar hasta tarde.

—Entonces es porque no reconoció tu esfuerzo.

—Pues sí. No sólo él, en esta empresa nadie nos da reconocimiento.

—Ah, entonces quieres decir que tampoco la empresa da reconocimiento.

—Pues no. ¿Ya te enteraste del sueldo con el que contrataron al nuevo ingeniero?

—No, ¿cuánto le pagan?

—Dos mil pesos más que a nosotros. Eso no es justo. Nosotros llevamos cinco años aquí.

—Ah, entonces en realidad estás furioso porque contrataron al nuevo ingeniero con más sueldo que a nosotros.

—Pues sí, ¿a ti no te molesta?

En este caso, el amigo pensó que la causa del problema era que trabajó hasta las 12 de la noche o que era por la falta de reconocimiento de su jefe, pero como su compañero siguió hablando, se dio cuenta de que ésas no eran las causas de su enojo. Por tanto, continuó con el proceso hasta *tocar fondo* y cumplir con este segundo paso de la metodología: ayudar a definir con claridad el problema.

Retomemos el caso de *El cuñado nocturno*:

—Perdón por venir a estas horas sin avisar, pero necesito hablar contigo.

—No te preocupes, Tadeo. Dime qué te pasa.

—Pues nada. Lo que pasa es que tú y yo somos amigos desde hace mucho tiempo.

—Sí, desde la preparatoria.

—Y gracias a ti, fue que conocí a tu hermana, y me enamoré y me casé con ella.

—Sí, es cierto.

—Por eso creo que tú debes ser el primero en enterarte de mi decisión. Tengo que decirte que tengo planes de divorciarme.

—¿Qué? ¿Pero por qué razón quieres divorciarte de mi hermana?

—Porque está loca.

—¿Por qué dices que está loca?

—Porque me grita a cada rato. Se pone a llorar por cualquier cosa. Me persigue todo el tiempo. Me llama al trabajo veinte veces al día.

—Entonces, quieres divorciarte porque te grita y te persigue todo el día.

—Sí, además siento que ya no le intereso.

—¿Por qué dices eso?

—Porque ayer fue mi cumpleaños y ¿qué crees que pasó?

—¿Qué? No me digas que se le olvidó.

—Sí, esperé hasta entrada la noche, pues pensé que iba a hacerme una fiesta sorpresa y nada. Se le olvidó mi cumpleaños.

—Ah, entonces, quieres divorciarte porque se le olvidó tu cumpleaños.

—Bueno, bueno. Divorciarme no, pero sí me siento muy mal.

—¿Y qué piensas hacer?

En este caso, el cuñado sí utilizó algunas preguntas porque Tadeo no estaba muy alterado y podía razonar.

Ahora vamos al caso que para muchos de mis alumnos es el más difícil de todos: el de *Firulais.*

—Papi, papi. ¡Qué bueno que llegaste!

—¡Qué barbaridad! ¡Atropellaron a Firulais!

—Haz algo, papá. Despiértalo. Tú puedes.

—No, mi hijito. Tu perrito ya se murió.

—¡Que no, no se murió, está dormido!

—No, Carlitos. Tenemos que aceptar que Firulais está muerto. Ven, te abrazo.

Aquí el problema no es el fallecimiento del perrito, ya que esta situación no tiene solución. El problema es el *shock* emocional del niño y su negación de los hechos. Aunque es un niño pequeño te aseguro que entiende lo que es la muerte, después de ver en la televisión decenas de decesos violentos. Así que lo primero que requiere es tener cerca a alguien que entienda por lo que está pasando; es decir, la empatía, que en este caso proviene de su papá. La mayor empatía que puede existir es sentarse con él en la banqueta, abrazarlo con fuerza y llorar por la muerte del perrito, si es que el papá también quería mucho a Firulais. En caso contrario, bastará con el abrazo.

Es lo que sucedería en el funeral de una persona conocida si el deudo recibiera el pésame de cada persona:

—Lo siento mucho.

—Gracias.

Y pasa el siguiente.

—Te acompaño en el sentimiento.

Y el siguiente.

—Mi más sentido pésame.

Y el siguiente.

El hecho es que la persona no siente ningún alivio al recibir estos mensajes, hasta que llega su mejor amigo. Entonces, los dos se acercan para darse un abrazo y lloran juntos por un rato. Al final, el deudo le dirá a su amigo: "Muchas gracias por venir. Ahora me siento mejor".

"¿Qué fue lo que le dijo? ¿Qué lo hizo sentir mejor?", se preguntan todos. La respuesta es *nada*. Nada y mucho porque ¿se puede *decir* algo a una persona por medio de un abrazo? Por supuesto que sí, y en este caso, el abrazo y el llanto compartido le dijeron todo.

Paso 3. Motivar a que genere alternativas de solución

Cuando la persona finalmente ha sido capaz de proporcionar información clara y objetiva, ayudada por nosotros, acerca del problema que tiene, también ha logrado controlar su emoción y estará en un buen momento para utilizar la parte racional de su cerebro. La pregunta clave en este momento es: "¿Qué piensas hacer?" y ayudarla a generar alternativas lógicas y de fondo; es decir, que llegue a atacar las causas del problema.

De preferencia, hay que permitir que la persona sea quien genere las opciones y alternativas, y en dado caso de que no se le ocurra ninguna, podríamos ser nosotros mismos quienes demos la primera idea o agreguemos alguna más a las que ella ofrezca.

Paso 4.
Ayudar a evaluar las alternativas

Cada una de las alternativas debe ser evaluada en términos de sus ventajas y desventajas para poder saber cuál es la más conveniente.

Paso 5.
Inducir a tomar una decisión

Éste es un paso que tiene que hacer la persona por sí misma. No se vale que nosotros propongamos ninguna solución, so pena de quedar involucrados en un problema que no es nuestro.

Paso 6.
Desear suerte en la implementación de la solución

Debemos desearle lo mejor a esa persona y hacerle algunas recomendaciones para que logre implementar la decisión que ha tomado.

Terminemos de aplicar la metodología en los casos que vimos anteriormente.

El compañero de trabajo:

—Ah, entonces, en realidad estás furioso porque contrataron al nuevo ingeniero con más sueldo que a nosotros.

—Pues sí, ¿a ti no te molesta?

—¿Y qué piensas hacer?

—Pues no sé. No lo he pensado.

—A ver, ¿qué se te ocurre? Piénsale.

—Tengo ganas de romperle la cara al nuevo ingeniero.

—Bueno, pero corres el riesgo de que te corran. A ver, piensa en otra opción.

—Reclamarle al jefe por esta injusticia.

—Bueno, ésa es una alternativa. ¿Qué otra se te ocurre?

—No sé. Ninguna.

—Podrías ir a recursos humanos y preguntar por qué gana más que nosotros.

—Sí, también.

—A ver, vamos a analizar las ventajas y las desventajas de estas dos opciones.

—La ventaja de reclamarle al jefe es que puedo decirle sus verdades al viejo.

—Sí. Pero la desventaja es que puede enojarse y que tengas problemas posteriores con él.

—No *pos* sí. ¿Y si voy con recursos humanos?

—Ahí podrías averiguar por qué lo contrataron con ese sueldo y no le veo desventajas. ¿Por cuál te vas?

—No, pues voy a ir a recursos humanos.

—¿Cuándo irías?

—Hoy en la tarde.

—Cuando termines, regresas y me dices cómo te fue.

•

El cuñado nocturno:

—Ah, entonces quieres divorciarte porque se le olvido tu cumpleaños.

—Bueno, bueno. Divorciarme no, pero sí me siento muy mal.

—¿Y qué piensas hacer?

—No sé. No quiero hablar con ella. ¿Por qué no le hablas tú y le dices que estoy muy enojado?

—Bueno, ésa es una posibilidad. Pero ¿no crees que el que debería hablar eres tú?

—Pues sí, pero ¿qué le digo, que es una ingrata?

—¿No crees que podría molestarse si le dices ingrata y podría romperse la comunicación?

—No, *pos* sí. Entonces, ¿qué le digo?

—Una opción es que le digas que el hecho de que haya olvidado tu cumpleaños te molestó mucho y por eso sientes que a lo mejor ya no te quiere.

—Oye, pues sí. A lo mejor sólo fue un olvido.

—¿Piensas decírselo ahorita que regreses?

—Si no está dormida, sí. Si no, hasta mañana.

—Bueno, te deseo suerte y me llamas mañana para decirme cómo te fue.

—Gracias por todo.

Paso 7. Dar seguimiento a la solución

Es recomendable fijar el día y la hora para que la persona nos comunique el resultado de su solución. En caso de que no se resuelva el problema, será necesario regresar y generar nuevas alternativas o reconsiderar las otras que ya habíamos creado antes, a la luz de los resultados obtenidos, y repetir el resto de los pasos.

Como éste es un proceso científico de análisis de problemas y toma de decisiones, llegará el momento en que nuestro colaborador, hijo, pareja, pariente o amigo nos diga:

> —¿Qué crees? Ya resolví el problema. Estoy muy contento y tranquilo.
>
> —Qué bueno. Me da mucho gusto –contestaremos.
>
> —Oye, quiero agradecerte mucho por haberme ayudado a encontrar la solución.
>
> —*Nombre,* para qué son los amigos –le diremos con modestia

En efecto, llegará el momento de recibir nuestra recompensa, que no sólo es lo bonito que se siente recibir el agradecimiento de una persona importante para nosotros, sino también que, al quedarle claro a esta persona que cuenta con un jefe, un padre, una pareja, un familiar o un amigo que puede ayudarla en los momentos difíciles a resolver sus problemas, nos convertiremos en un personaje que busca su bienestar, que la respeta como persona capaz, que le enseña el camino para resolver conflictos y que se interesa por su crecimiento; un personaje digno de ser seguido, o sea, un verdadero líder. Nada más y nada menos. ¿Cómo ven?

Solución de conflictos propios

Bueno, ahora nos toca a nosotros. Lo que veremos en este último capítulo, sí, aunque no lo creas, ya es el último capítulo, es aprender una metodología muy efectiva, basada en la asertividad, para resolver los conflictos que llegan a provocarnos las personas con quienes convivimos.

Ante todo, la metodología impone un prerrequisito que debemos cumplir para poder arrancar con el paso número uno y esta condición es: *reconocer que el problema es nuestro.*

Es común que muchas veces, motivados por el enojo, le decimos a nuestro hijo, colaborador o vecino: "Tienes un problema, ¿eh? Y no te la vas a acabar. Empieza a rezar".

Nada más alejado de la realidad. La otra persona no tiene ningún problema. Quizá lo tuvo antes de tomar sin permiso nuestra engrapadora, al brincar nuestra autoridad para tratar un asunto con nuestro jefe, al estacionar su auto bloqueando al nuestro, etcétera. Pero ahora quienes tenemos el problema somos nosotros.

Por tanto, requerimos, en este momento, de una buena dosis de humildad para reconocer que el problema está en nuestra cancha; de lo contario, nunca podremos resolverlo. Así que más nos vale decir: "Yo tengo el problema, pero voy a resolverlo" y confiar en nuestra madurez, en nuestra asertividad y en nuestra capacidad para resolver cualquier conflicto que se nos presente.

Ahora sí, si el problema es nuestro, seremos nosotros quienes actuaremos de acuerdo con los siguientes pasos:

Paso 1.
Mantener la calma

Una tarea nada sencilla es mantener la calma ante un problema que se nos presenta por la impertinencia, la estupidez, la desconsideración o la falta de educación de otra persona, porque eso es lo que pensamos cuando alguien nos echa a perder el día o alguien obstaculiza nuestros propósitos.

Sin embargo, hay que reconocer que, cuando nos enojamos con los demás o con la vida misma, nos cargamos de energía negativa, nuestro ánimo decae y nuestro estrés sube. En ese momento nuestro cerebro se conecta a la parte emocional dura. Y yo te pregunto: ¿qué necesitamos de nuestro cerebro para resolver un problema?, ¿que responda de manera emocional o racional?

Por supuesto, la solución de un problema requiere de los procesos de análisis y de generación de alternativas viables; es decir, que esté conectado a su parte racional. Si no logramos contener las emociones negativas que nos genera un conflicto con otra persona, no podremos avanzar en la solución del mismo.

Y ahora, ¿quién podrá ayudarte a mantener la calma? ¡Yo!, que sin ser el Chapulín Colorado ni tener su astucia sí puedo compartirte las siguientes recomendaciones:

En primer lugar, hay que tratar de no enojarnos por la forma como las demás personas actúan. Veamos un caso clásico de lo que no debemos hacer.

Ubaldo platica en su casa con su esposa, Florita.

—¡Oye, cálmate! ¿Qué te pasa? ¿Por qué avientas las cosas? Vas a romperlas.

—Es que estoy que me lleva el tren. Ya no aguanto más a este pin... vecino.

—Pues, ¿qué te ha hecho, viejo?

—¡Qué no me ha hecho este desgraciado! Se ve que no tiene educación. Es un naco. Nada más hay que ver la muñequita que trae colgada en el espejo retrovisor de su coche, además del peluche que le puso al tablero.

—Bueno, cada quien es como es.

—Si, pero este güey no se mide. Oye nada más qué gritos. ¿Qué no puede hablar como la gente decente?

—Es que así hablan los del norte. Recuerda que él es de Monterrey.

—Pues se hubiera quedado allá a gritarle a sus paisanos.

—Oye, pero él no tiene la culpa de ser de Monterrey.

—No, pero de lo que sí tiene la culpa es de dejar que sus hijos jueguen beisbol afuera de su casa y a cada rato le rompan los vidrios a su vecino de al lado.

—Bueno, pero eso es problema de su vecino, no tuyo.

—No, pero un día va a afectarnos a nosotros y entonces me va a oír, me va a oír el desgraciado.

Yo te pregunto: ¿el vecino le ha hecho algo a Ubaldo para que éste hable tan mal de él? Entonces, ¿por qué está enojado con su vecino? Bueno, lo que es un hecho es que actitudes o comportamientos diferentes a los nuestros pueden causarnos molestia o hasta enojo, pero tenemos que empezar a controlar estas emociones negativas.

Entonces, para mantener la calma no hay que tomarnos como algo personal lo que piensen de nosotros o lo que hagan los demás, aun cuando sus acciones nos afecten de alguna manera. Claro, podría haber alguna excepción cuando hayamos perjudicado antes a una persona; pero, por lo regular, las personas que nos rodean no despiertan pensando cómo pueden molestarnos o hacernos enojar, como si no tuvieran otra cosa que hacer.

Un juego psicológico muy sencillo pero muy efectivo que te recomiendo es hacer una lista de las personas a las que autorizas para hacerte enojar. En la historia de tu vida existen personajes primarios, como lo son tus papás, tus hermanos, tu pareja, tus hijos, tus amigos y ciertos familiares cercanos; también hay personajes secundarios, que son el resto de la humanidad. ¿Quiénes entrarían en esa lista? Sólo debes incluir a los personajes primarios, los cuales no deben ser más de 20 personas. O sea que todos los personajes secundarios de tu vida (vecinos, compañeros de trabajo, clientes, proveedores, autoridades, etcétera) no podrán hacerte enojar porque no tienen tu permiso. Por experiencia propia puedo decirte que funciona.

Los personajes primarios de mi vida son:

____

____

____

____

Cuando aprendamos a no tomarnos nada personal lograremos la inmunidad en la interrelación con los demás seres humanos, personajes secundarios de nuestra historia, y podremos manejar nuestra vida con libertad, sin que nadie intervenga o se interponga en ella.

Eso sí, habrá personas que de manera natural buscan la forma de satisfacer sus necesidades o resolver sus problemas de determinada manera, sin reparar en si afectan o no a los demás. ¿Cuántas veces nosotros también hacemos lo mismo sin darnos cuenta? ¿Cierto o no? Así que más nos vale decir: "Que los demás hagan lo que quieran con su vida, pero si hacen algo que me afecte, haré lo necesario para revertirlo".

En segundo lugar, tenemos que evitar reclamar o recriminar a la persona diciéndole lo que pensamos de ella: "Eres un abusivo", "Eres un grosero", "No tienes ma... (educación)", "Eres un idiota (u otra palabra)", "¿Cómo es posible que no te hayas dado cuenta?", "¿Venías borracho o qué?", "¿Pero qué no ves?", "¿Estás ciego?", etcétera. Quizá no nos falte razón, pero yo te pregunto: ¿a quién le gusta que le digan sus verdades?

Al hacer esto, lo único que provocamos es una reacción defensiva u hostil de la otra persona, que es lo último que necesitamos para que cambie su actitud o corrija lo que nos afecta. ¿A poco no?

En tercer lugar, hay que evitar dar lecciones a los demás *para que se eduquen, los canijos, y ver si aprenden.* Por ejemplo: "Deberías ser más considerado", "No está bien que hagas esto", "Sería bueno que dejaras de ser tan insolente", etcétera. Veamos otro caso de lo que no deberíamos hacer.

Ubaldo, quien desea salir a comer con su esposa, Florita, descubre que la salida de la cochera se encuentra bloqueada por un auto. Muy enojado, se dirige a la caseta de entrada del condominio para preguntarle al policía a quién pertenece ese coche.

—¿Qué pasa? ¿Por qué hay tantos coches dentro del condominio? ¿Hay fiesta o qué?

—Afirmativo, señor. Es cumpleaños del señor Treviño y ya metió muchos coches.

—¡Qué poca mad...! ¿Pues qué se ha creído, que es el dueño de todo el condominio? Y tú, ¿por qué los dejas entrar? Mándalos a la fregada.

—Pues ya le dije, pero no me hace caso.

—Pues claro, ¿a ti quién va a hacerte caso con esa cara que tienes? Voy a hablar con él y va a saber quién soy yo.

Ubaldo se dirige a la casa del señor Treviño.

—Hola, vecino. ¿Gusta pasar?

—¡Qué pasar ni qué pasar! ¿Quién te has creído que eres?

—¿Por qué? ¿Qué le pasa?

—¿Crees que porque vienes del norte o porque trabajas en una empresa trasnacional eres superior a todos nosotros?

—¿Por qué me dice eso?

—Porque todos ustedes los del norte son unos prepotentes, pero aquí vamos a bajarles los humos.

—Cálmese, vecino, ¿A poco le molesta que tenga una fiesta en mi casa?

—No, pero sí me molesta que no respetes el reglamento y permitas que pasen tus amigotes y se estacionen donde se les pega la gana.

—Pues yo no sé dónde los estacionaron.

—Pues claro, no sabes nada porque te valemos gorro todos los demás. ¿Así son de vale mad... todos los del norte?

—Oiga, no ofenda.

—Pues me quitas ahorita mismo el coche que está parado frente a mi casa.

—Pues que lo quite su abuela y deje de molestarme, viejo loco (portazo).

Entendamos que la responsabilidad de la educación de los demás le toca o le tocaba a su mamá y no a nosotros. Además, ¿a quién le gusta que le digan que es un prepotente o un irrespetuoso?, ¿a quién le gusta que le den órdenes?, ¿a quién le gusta que le digan lo que debe hacer? Esto sólo indispone a la gente en contra nuestra.

Paso 2.
Definir con claridad el problema

Ya sabemos que definir con claridad el problema nos permite avanzar 80% del proceso. En este caso, nosotros tenemos la información y, como ya logramos contener nuestro enojo, estaremos en mejores condiciones de mandar el mensaje a la persona que nos afecta sin codificaciones raras; es decir, lo haremos de una manera directa, clara, sencilla y positiva acerca del problema que nos provoca.

Sin embargo, tenemos que evitar cometer los errores clásicos de quien, cargado de enojo y rabia por la actitud o el comportamiento de la otra persona, le expresa a ésta su problema de manera equivocada. Analicemos los siguientes ejemplos.

> *Bájale.* Cirilo vive en un edificio y resulta que su vecino del departamento de arriba pone su equipo de sonido a todo volumen desde hace cuatro noches, a partir de las 11 y hasta las dos o tres de la madrugada. Por supuesto, esto afecta mucho a Cirilo porque trabaja desde temprano y no puede dormir bien. Una noche, muy enojado, decide subir, tocar la puerta de su vecino y...
>
> —Hola, Cirilín, pásale.
>
> —No, aquí estoy bien.
>
> —¿Qué se te ofrece?
>
> —Es que a todos los vecinos nos molesta el ruidero de tu música.
>
> —¿A todos? ¿Y por qué?
>
> —¿Cómo que por qué? ¿No te das cuenta de lo desconsiderado que eres? ¡Qué poca ma...!
>
> —Oye, no insultes.

—Pues apaga tu pin... música, ¿no te das cuenta de la hora que es?

—¿Sabes qué? Yo estoy en mi departamento y aquí adentro yo puedo hacer lo que me venga en gana.

—Pues voy a llamar a la policía.

—Llámale a quien quieras y vete a molestar (u otra palabra) a tu madre.

Analicemos qué hizo mal Cirilo que impidió que resolviera su problema:

- ¿Exageró cuando dijo que todos los vecinos estaban molestos?
- ¿Le dio órdenes a su vecino?
- ¿Le recriminó que era un desconsiderado?
- ¿Lo insultó, diciéndole: "Qué poca ma..."?
- ¿Volvió a ordenarle que apagara su música?
- ¿Lo amenazó con llamar a la policía?

¿Cómo iba a lograr que su vecino le bajara el volumen a su equipo de sonido si hizo todo lo necesario para bloquear la comunicación con él?

El hablador. Ildefonso, gerente de ventas de una importante cadena de tiendas, se reúne todos los lunes con sus cinco vendedores, media hora antes de que abra la tienda. Cada uno tiene cinco minutos para presentar las quejas de los clientes y las dificultades que tuvo la semana anterior para tratar de resolverlas. Su problema es que Narciso, su mejor vendedor, acapara la palabra, rebasa sus minutos y al final sus compañeros no tienen tiempo para participar. Ildefonso manda llamar a Narciso a su oficina para resolver el problema.

—¿Se puede, jefe?

—Sí, pásale, Narciso.

—¡Qué buena onda, jefe! Está padrísimo este cuadro. No lo había visto.

—Lo traje hoy.

—*Nombre*, se ve el buen gusto que tiene. ¿Dónde lo compró?

—Me lo regalaron.

—¿Quién se lo regaló?

—Un primo, pero quiero hablar contigo sobre las juntas de los lunes.

—Ah, por supuesto, jefe. Quiero felicitarlo porque donde yo trabajaba no teníamos este tipo de juntas y pienso que son buenísimas.

—Sí, pero el problema es que hablas mucho.

—¿Yo? No, jefe, apenas me da tiempo de exponerle mis problemas.

—Sí, pero tus compañeros no pueden hablar.

—Si no hablan es porque no quieren.

—Es porque tú no los dejas.

—¿Cómo cree, jefe? ¿A poco les tapo la boca? Si no hablan es porque no tendrán nada que decir. Yo creo que les falta motivación. Debería comprarles un libro de motivación de Carlos Nava. Es buenísimo.

—Ya deja de decir sandeces. A partir del próximo lunes habla sólo tus cinco minutos y ya. ¿Entendido?

—Pero, pero...

—No hay pero que valga. Es una orden.

—No, *pos* sí.

¿Ustedes creen que Narciso cumplirá la orden? Muy, pero muy difícilmente. Analicemos qué hizo mal Ildefonso que impidió que resolviera su problema:

- ¿Dejó que hablara y hablara sobre el cuadro nuevo, sin frenarlo?
- ¿Qué le dio a entender a Narciso cuando le dijo que hablaba mucho? Exacto, le dijo que era un hablador.
- ¿Qué le insinuó cuando le dijo que dejara de decir sandeces? A ver, ¿quiénes dicen sandeces? Pues los tontos.
- ¿Le ordenó lo que debe hacer para resolver el problema?

Una vez más, este personaje hizo todo lo necesario para bloquear la comunicación y que la persona se negara a aceptar sus observaciones. Así no va a resolver su problema.

Baja las patas. Cosme sale a comer de su oficina todas las tardes con su compañero Ambrosio. Un día, después de comer, regresan a su trabajo 10 minutos más temprano.

—Mira, Cosme, tomamos sólo 50 minutos para comer. Nos quedan 10 minutos. Vamos a tu cubículo y acabo de platicarte.

—Juega, pero solamente diez minutos porque ahorita tengo una cita.

—Sí, hombre, sólo 10 minutos.

—Siéntate, Ambrosio.

—Gracias. Qué cómodas están tus sillas de visitas –dice Ambrosio y a continuación sube los pies al escritorio de Cosme.

—¿Qué pasó, qué paso, qué paso? ¿Puedes bajar los pies de mi escritorio?

—Pero estoy muy cómodo.

—Qué bajes las patas de ahí.

—Oye, relájate. Va a darte un infarto.

—Claro. ¿Qué puede esperarse de ti, si eres un naco?

—Ay, sí, tú. ¿A poco eres muy educadito?

—Pues claro. Y ya vete, ya se nos acabó el tiempo.

—Bueno, Cosme, pero no te enojes.

—Lárgate ya.

Analicemos qué hizo mal Cosme que impidió que resolviera su problema:

- ¿Qué le dio a entender a Ambrosio cuando le dijo que bajara las patas? Que era un... Eso, un animal.
- ¿Le ordenó que bajara los pies?
- ¿Lo insultó diciéndole que era un naco?

Con esa manera de decir las cosas nadie querrá modificar ninguna conducta.

En la manifestación asertiva de nuestro problema a la persona o personas que nos afectan está el éxito de este paso. Para ello, te recomiendo lo que Thomas Gordon, en sus libros de asertividad, llama *el mensaje yo.*

El mensaje yo consta de tres elementos:

1. La acción o el comportamiento que nos parece inaceptable.
2. El sentimiento que nos produce.
3. Las consecuencias o los efectos concretos y tangibles que nos provoca.

Como este mensaje sólo habla de nosotros y no ordena, reclama o recrimina a la otra persona, ésta no tiene ningún motivo para sentirse afectada, por lo que estará abierta para entender y ayudarnos a resolver nuestro problema.

Aplica *el mensaje yo* a los tres casos anteriores y verás que incluye el paso uno, mantener la calma; el paso dos, expresar con claridad el problema, y te adelanto el paso tres que es solicitar ayuda:

Bájale. Cirilo decide subir y plantearle su problema a su vecino.

—Hola, Cirilín, pásale.

—No, aquí estoy bien.

—¿Qué se te ofrece?

—Oye, el hecho de que en las últimas cuatro noches tengas tu equipo de sonido a todo volumen me molesta mucho porque no puedo dormir y al otro día no rindo bien en mi trabajo.

—Ay, caray, no sabía eso.

—Sí, por eso quiero pedirte que moderes el volumen de tu música, por favor.

•

El hablador. Ildefonso, gerente de ventas, manda llamar a Narciso a su oficina para plantearle su problema.

—¿Se puede, jefe?

—Sí, pásale, Narciso.

—¡Qué buena onda, jefe! Está padrísimo este cuadro. No lo había visto.

—Lo traje hoy.

—*Nombre*, se ve el buen gusto que tiene. ¿Dónde lo compró?

—Mira, no te mandé llamar para platicar del cuadro, sino de un asunto de trabajo.

—Lo siento, jefe. Pero entonces, ¿de qué quiere hablar conmigo?

—Lo que sucede es que en las últimas juntas de los lunes he notado que tomas más de tus cinco minutos que tienes para exponer tus problemas.

—Pero, jefe, yo...

—No he terminado y no vuelvas a interrumpirme. Esta situación me preocupa porque se nos termina el tiempo de la junta y ya no puedo escuchar los problemas de tus compañeros. Así que te pido que a partir del próximo lunes tomes sólo tus cinco minutos.

•

Baja las patas. Cosme le expresa a su compañero Ambrosio lo que piensa de su actitud de subir los pies sobre su escritorio.

—¿Qué pasó, qué paso, qué paso? ¿Puedes bajar los pies de mi escritorio?

—Pero estoy muy cómodo.

—Sí, no lo dudo, pero el hecho de que tengas tus pies sobre la mesa me molesta mucho; además me preocupa que pueda entrar un cliente o mi jefe y demos una mala imagen. Así que te pido que los bajes.

Como vimos, Cirilo, Ildefonso y Cosme plantearon el hecho, su sentimiento y explicaron con claridad la afectación. Al final solicitaron ayuda y así evitaron todo tipo de bloqueadores.

Es posible que la respuesta de sus contrapartes sea favorable. Lo veremos más adelante.

Paso 3. Solicitar ayuda para resolver el problema

Una solicitud bien planteada, después de expresar un *mensaje yo,* tiene 90% de probabilidades de obtener una respuesta positiva.

Sin embargo, te preguntarás: ¿y qué sucede con el otro 10%?, ¿qué pasaría si, a pesar de hacer todo bien, la persona no coopera? Bueno, en estos casos de excepción es fácil pensar que es muy posible que esa persona tenga alguna bronca con su esposa, con su hijo, con sus padres o hermanos y que por eso no quiere colaborar con nosotros. Sin embargo, existen dos posibilidades ante una respuesta negativa:

- Que no sea la persona indicada y ella no pueda ayudarnos. En este caso, tendremos que buscar a quien sí pueda hacerlo. Ejemplo:

—Hola, Cirilín, pásale.
—No, aquí estoy bien.
—¿Qué se te ofrece?
—Oye, quiero hablar sobre el volumen de tu equipo de sonido que pones todas las noches.
—Perdón, pero yo no puedo ayudarte.
—¿Por qué?
—Porque el equipo es de mi papá.

—Ah, pues llámale a tu papá, por favor.

- Que la persona sí tenga un conflicto, pero no con otras personas, sino ¿con quién creen? Si no nos quiere apoyar es muy probable que el conflicto lo tenga con nosotros; es decir, que puede ser que le hayamos hecho algo sin querer y que le afectó en sentido negativo. Como esta persona no ha leído *El mundo de la asertividad* de Carlos Nava, no dijo nada en esa ocasión, se quedó callada y ahora encuentra justo el momento que había esperado para desquitarse.

De hoy en adelante, cuando sospechemos que alguien no nos ayuda porque tiene un problema con otra persona, preguntémonos: "¿Soy acaso yo, Señor?" Nos sorprenderán las respuestas afirmativas.

Entonces, ante esta situación, hay que dar un brinco a la metodología de manejo de conflictos con los demás para que, mediante la técnica de escuchar, podamos identificar su problema, generar y evaluar alternativas de solución, tomar una decisión conjunta, llevarla a cabo en el momento adecuado y ponernos de acuerdo para darle seguimiento.

Al resolver el problema de la otra persona estaremos en posibilidad de regresar al punto donde nos quedamos, cuando tratábamos de dar solución al nuestro; es decir, a la solicitud de ayuda. Con esto, es muy posible que nuestro interlocutor ahora sí nos ayude a generar alternativas de solución para nuestro problema.

¿Cómo se resolverían los tres casos que vimos si la respuesta hubiera sido negativa? Ah, entonces, habría sido necesario seguir el consejo del párrafo anterior. Veamos.

Bájale. Cirilo le plantea *el mensaje yo* a su vecino sobre su problema y ante su respuesta negativa, investiga la razón de su molestia:

—Oye, el hecho de que en las últimas cuatro noches tengas tu equipo de sonido a todo volumen me molesta mucho porque no puedo dormir y al otro día no rindo bien en mi trabajo. Por eso quiero pedirte que moderes el volumen de tu música.

—Pues yo estoy en mi departamento y puedo hacer lo que me venga en gana.

—Caray, te veo enfedado. ¿Hice lago que te molestara?

—No te hagas.

—Perdón, pero no te entiendo.

—Sí, habíamos quedado en la junta de vecinos que todos dejaríamos con el conserje un duplicado de la llave del coche por si se requería moverlo pronto. Tú no se las has entregado y cada vez que necesito salir del estacionamiento don Siberiano tiene que subir a pedirte las llaves; mientras tanto, se me hace tarde.

—Tienes toda la razón. Perdón, se me olvidó. Te prometo que mañana saco el duplicado y se lo doy al conserje en la noche, ¿te parece bien?

—Sí, sí está bien. Hasta mañana.

—No, espérame tantito. El hecho de que en las últimas cuatro noches tengas tu equipo de sonido a todo volumen me molesta mucho porque no puedo dormir y al otro día no rindo bien en mi trabajo. Por eso quiero pedirte que moderes el volumen de tu música.

—Bueno, está bien. Voy a hacerlo.

•

El hablador. Ildefonso le plantea su *mensaje yo* a su vendedor y ante su respuesta negativa, investiga la razón de su molestia:

—Mira, Narciso, he notado que en las últimas juntas de los lunes tomas más de los cinco minutos que tienes para presentar tus problemas. Esta situación me preocupa mucho porque se nos termina el tiempo de la junta y ya no puedo escuchar lo que tienen que decir tus compañeros. Por eso te pido que, a partir del próximo lunes, ocupes sólo tus cinco minutos.

—Pues no estoy de acuerdo.

—Dime, ¿por qué no estás de acuerdo?

—Porque yo soy quien atiende a más clientes y en cinco minutos no puedo plantearle todos mis problemas. No me va a alcanzar ese tiempo.

—Ah, ya veo. Déjame ver. ¿Qué pasaría si tú y yo nos reuniéramos los miércoles de 11:00 a 11:30 de la mañana para revisar tus asuntos?

—Magnífico, jefe. Así le hacemos. Gracias. Nos vemos este miércoles.

—No, espera. Yo te doy ese tiempo para ti, pero tú te restringes a los cinco minutos que tienes para presentar tus problemas en las juntas de los lunes.

—De acuerdo, jefe. *No problem.*

•

Baja las patas. Cosme expresa a su compañero Ambrosio su *mensaje yo* y ante su respuesta negativa, investiga la razón de su molestia:

—Oye, Ambrosio, el hecho de que tengas tus pies sobre la mesa me molesta mucho. Me preocupa que pueda entrar un cliente o mi jefe y demos una mala imagen; así que te pido que los bajes, por favor.

—Ay, sí. ¿Por qué tan delicadito?

—¿Por qué dices eso?

—No te hagas.

—No, no me hago. Dime tú.

—Pues el otro día que fuiste a mi oficina y rompiste el reporte que tenía errores, dejaste todos los pedazos en mi escritorio y hasta en el suelo.

—Híjole, no me di cuenta. ¡Qué pena me da! Discúlpame, tienes toda la razón. Tendré mucho más cuidado la próxima vez.

—Bueno, bueno. Ahora sí bajo los pies.

Ahora sí ya sabes cómo actuar y negociar con las personas cuando recibes una respuesta negativa de su parte. Continuemos con los últimos dos pasos de la metodología.

Paso 4. Negociar una solución y llegar a un acuerdo

Una vez solicitada la ayuda, ésta podría no ser aceptada, y no por falta de voluntad de la otra persona, sino porque no le sea factible. Entonces es el momento de negociar otra solución. Por ejemplo:

—Oye, vecino, el hecho de que en las últimas cuatro noches tengas tu equipo de sonido a todo volumen me molesta mucho porque no puedo dormir y al otro día no rindo bien en mi trabajo. Por eso te pido que moderes el volumen de tu música.

—Pero es que gasté una buena lana para comprarme un equipo casi profesional y quiero escucharlo a todo lo que da.

—Entiendo. A ver, ¿qué otra cosa podemos hacer? ¿Por qué no te compras unos audífonos de ésos que hasta vibran?

—Ah, pues es una buena idea.

—Entonces, cuento contigo para poder dormir en las noches.

—De acuerdo, está bien.

—Gracias, vecino. Buenas noches.

—Buenas noches. Que sueñes con los angelitos.

Bueno, creo que exageré el final, pero el punto aquí es que con una buena comunicación, creatividad y buena voluntad de ambas partes, llegaremos a la solución.

Paso 5.
Dar seguimiento

Es recomendable, en su caso, fijar la forma y los tiempos para evaluar el resultado de la solución, y en caso de que éste sea negativo, tendremos que tomar las medidas correctivas necesarias.

Mensaje final

Pues, ¿qué crees? Hemos llegado al final del libro que, por medio de todos sus capítulos, te ha proporcionado ideas, recomendaciones y ejemplos para establecer relaciones interpersonales de alta calidad. Por supuesto que ahora tú ya cuentas con esta posibilidad, pero ¿qué pasa con las demás personas que forman parte de tu círculo familiar y social más cercano y más querido de tu vida? Bueno, pues te recomiendo compartir toda esta información, ya sea prestándoles el libro o pasándoles poco a poco estos aprendizajes en el momento en que se presenten las ocasiones y las oportunidades, así como a través de tu ejemplo.

Antes de terminar, quiero expresarte que fue un placer compartir contigo mis conocimientos, vivencias y experiencias sobre este tema. Espero que te sean de mucha utilidad y que, por medio de la asertividad, puedas cambiar la forma de comunicarte con los demás, establecer mejores relaciones con la gente, y conseguir tus metas y objetivos en todos los roles de vida con más facilidad. Que logres un verdadero cambio en tu vida, en beneficio de ti y de todas las personas que te rodean.

Como valor agregado, quiero compartir contigo una propuesta de Pacto para las relaciones interpersonales, que elaboré con base en el Credo de las relaciones interpersonales de Thomas Gordon, el cual que sintetiza de manera global las premisas que hemos analizado en este libro y que bien podríamos platicar, analizar y hasta firmar con cada una de las personas con las que más nos relacionamos o a quienes más valoramos en esta vida, como nuestra pareja, nuestros hijos, nuestros hermanos, nuestros amigos, etcétera, con el propósito de establecer las bases fundamentales de una relación de alto valor para nosotros.

Pacto para las relaciones interpersonales

Tú y yo vivimos en una relación que yo valoro mucho y quiero conservar. Una relación que a través del tiempo podamos disfrutar y en la que podamos vivir a plenitud.

Sin embargo, cada uno de nosotros es una persona única y diferente, con sus propias necesidades y el derecho a satisfacerlas. Trataré de entender, aceptar y respetar tu manera de ser y de pensar, tus intereses, creencias y valores, aunque sean diferentes a los míos. Espero reciprocidad para mí.

Cuando tengas problemas para satisfacer tus necesidades trataré de escucharte y, de ser necesario, apoyarte para que encuentres tus propias soluciones. Y evitaremos que dependas de las mías.

Cuando alguno de nuestros comportamientos interfiera con lo que el otro deba hacer para la satisfacción de sus necesidades, no nos quedemos callados para luego quejarnos con los demás; no concedamos lo que no queramos conceder para quedar bien o para no confrontar esas diferencias.

En este caso, me comprometo a comunicarte asertivamente cómo me afecta tu conducta. Confiaré en tu colaboración para cambiar el comportamiento que es inaceptable para mí. De la misma manera, cuando alguna de mis acciones sea inaceptable para ti, espero que me comuniques asertivamente tus sentimientos. Te escucharé y tratare de cambiar.

En las ocasiones en que descubramos que ninguno de los dos puede cambiar su conducta para satisfacer las necesidades del otro, reconozcamos que tenemos un conflicto que requiere una solución. Comprometámonos a resolver cada uno de estos conflictos sin recurrir al uso del poder o de la autoridad para imponer un remedio a costa de la derrota del otro. Esforcémonos siempre para encontrar una solución que sea aceptable para ambos. Tus necesidades serán satisfechas y también lo serán las mías. Ninguno será derrotado. Ambos ganaremos.

De esta forma, tú podrás continuar tu crecimiento como persona, mediante la satisfacción de tus necesidades, y yo también podré hacerlo. Nuestra relación será lo bastante saludable, profunda y productiva para que en ella cada uno de nosotros pueda, con base en el respeto, la comunicación, la creatividad, la armonía y la amistad, alcanzar sus objetivos y llegue a ser lo que cada uno es capaz de ser.

EL MUNDO DE LA ASERTIVIDAD
terminó de imprimirse en 2019
en los talleres de Edamsa Impresiones, S. A. de C. V.,
Avenida Hidalgo 111, colonia Fraccionamiento
San Nicolás Tolentino, alcaldía Iztapalapa,
09850, Ciudad de México.